［過去問］

2024
横浜雙葉小学校
入試問題集

JN124399

・問題内容についてはできる限り正確な調査分析をしていますが、入試を実際に受けたお子さんの記憶に
基づいていますので、多少不明瞭な点はご了承ください。

Shinga-kai

横浜雙葉小学校
過去10年間の入試問題分析
出題傾向とその対策

2023年傾向

今年度よりＷｅｂ出願後に出願書類を郵送、合格発表もＷｅｂ上で行われるなどの変更がありました。昨年度の考査は受験者全員が同じ時間に集合し約４時間かけて行われましたが、今年度は受験番号順に２つの時間帯に分かれ、約２時間30分で行われました。なお、昨年度に行われたお友達とかかわりのある行動観察は、今年度は実施されませんでした。

傾　向

考査は、１日でペーパーテスト、集団テスト、運動テストを行います。2020年度までは受験番号順に約40人のグループに分かれて行われ、所要時間は考査の一部でもある昼食を挟んで約６時間でした。昼食は持参したお弁当を会場で食べる形で、子どもの考査中は講堂で待つ保護者も、所定の時間に別室に案内されてそこで昼食をとっていました。しかし、2021～2023年度はグループの人数を減らす、昼食をなくすなどの変更を加え、時間も短縮して実施されました。面接は両親と子どもの親子面接で、考査日前の指定日時に10～15分程度で行われます。親子一緒に入室し、ほぼ毎年質問の途中や後などに連想ゲームや絵合わせなどの親子ゲームが行われています。2020年度まで受験番号は、願書受付初日の午前９時以前に並んだ場合は整理券を受け取り講堂で待機した後で抽選をして決まり、午前９時以降に着いた場合は受付順につけられていましたが、2021、2022年度は郵送受付順、2023年度はＷｅｂ出願順となりました。また2021、2023年度は、考査当日の受付時間が受験番号順に２つの時間帯に分けられました。ペーパーテストでは青１色、年度によっては青と緑の２色のクーピーペンが用意され、課題によって色を変える指示も見られます。話の記憶は毎年あり、絵本を基にしたお話の読み聞かせの後質問に答えるなどの課題が出されています。言語の問題は、様子を表す言葉や言葉の音に関するものが毎年出されており、国語の学習につながる日本語の能力を重視していることがうかがえます。また、数量も毎年出題され、正確に数を数えること、数の対応や増減を理解することが求められています。集団テストでは、グループに分かれて陣取りや神経衰弱などのゲームをする課題が多く出されています。そして、自由遊び

による行動観察の時間も長くとられていました。2020年度までの昼食時には、集団で床に座ってお弁当を食べる様子から、日常的な生活習慣を見られました。運動テストではかけっこやジャンプ、ボールを投げたりついたりする中で、指示への対応をはじめとした注意力や参加意欲などのほか、近年は持久力や機敏性まで見られているので、根気よく最後まで全力で行う姿勢が必要です。親子面接では普段の親子関係、家庭の雰囲気を見られます。子どもには面接資料に基づいた質問を多くされるので、自分が体験したことをしっかり言葉で伝える力が求められます。

▌対　策

ペーパーテスト、集団テスト、運動テストとバランスよく総合的な力をつけていくことが重要です。ペーパーテストでは言語が毎年出題され、横浜雙葉小学校では言語としての日本語を大切にしているということがわかります。言葉の音やしりとり、動詞や様子を表す言葉など、国語の力に結びつく語彙や表現力を見る問題も多く出されます。読み聞かせなどを通じ、言葉への興味・関心を育てながら、家庭内での会話では正しい言葉遣いや言い回しをするように気をつけましょう。数量の問題でも、言葉の理解を前提として話を聞く力が必要です。15以上の数を数えさせることはありませんが、「1階のサル2匹が2階に行き、2階のサル3匹が3階に行くと、2階のサルは何匹になるか」など指示の複雑な問題もあるので、数の変化をイメージできるかどうかがポイントとなってきます。推理・思考もほぼ毎年、比較や鏡映図、回転図形など幅広い分野から出題されています。内容だけでなく解答の仕方もさまざまですから、いろいろな出題形式に対応できるようにしておきましょう。また、点線をなぞるなど巧緻性の要素を含む出題もあります。何事にも丁寧に取り組むようにし、線はより真っすぐに引き、紙を折るときにはより丁寧に折るなどの意識を持たせるとよいですね。集団テストでも、巧緻性の要素を含む制作などの課題が毎年のように出されています。切る、貼る、ちぎる、ひもを通した後に結ぶなど、基本的な動作とともに、色や枚数などの指示をよく聞く、お手本を見て手順を考える、台紙に合う形を選んで作業を行うなどの対応ができるようにしておきましょう。ほかにはゲーム遊びの出題が多いので、自由遊びなども含め、お友達とのかかわりや行動、トラブル時の対処法など、集団でのいろいろな経験を積ませながらルールへの意識や判断力を養っていきましょう。親子面接では、親と子のかかわりが問われます。毎年のようにその場で親子ゲームも行うので、日ごろからお子さんと一緒にゲームや会話を楽しむようにしてください。長時間にわたる考査のため、飽きずに指示を聞き、行動できることが肝心です。考査では普段の生活態度が現れるので、ものを人に渡すときは「両手で持って必ず相手の目を見て渡す」、手を洗うときは「必ずハンカチを前もって出し、広げて使ったらたたむ」などの礼儀や生活習慣も身につけておきたいものです。家庭では、感情を表す言葉「寂しい、悲しい、うれしい」などが自然に使えるような雰囲気づくりを行うなど、豊かな感受性と言語感覚を養う環境を整えることが大切です。

年度別入試問題分析表

	2023	2022	2021	2020	2019	2018	2017	2016	2015	2014
ペーパーテスト										
話	○	○	○	○	○	○	○	○	○	○
数量	○	○	○	○	○	○	○	○	○	○
観察力	○		○	○		○	○	○	○	
言語	○	○	○	○	○	○	○	○	○	○
推理・思考	○	○		○		○	○	○	○	○
構成力	○	○	○		○				○	
記憶										
常識	○			○		○	○	○	○	
位置・置換										
模写					○					○
巧緻性		○		○					○	
絵画・表現										
系列完成			○							
個別テスト										
話										
数量										
観察力										
言語										
推理・思考										
構成力										
記憶										
常識										
位置・置換										
巧緻性										
絵画・表現										
系列完成										
制作										
行動観察										
生活習慣										
集団テスト										
話							○			
推理・思考										
記憶								○		
常識										
巧緻性	○							○	○	○
絵画・表現										
制作			○	○	○	○	○	○	○	○
行動観察		○				○	○			
課題・自由遊び		○		○	○	○	○	○	○	○
運動・ゲーム				○	○	○		○	○	○
生活習慣				○	○	○	○	○	○	○
運動テスト										
基礎運動	○	○	○	○	○	○	○	○	○	○
指示行動	○							○		
模倣体操	○						○			
リズム運動							○		○	
ボール運動			○	○			○		○	○
跳躍運動							○		○	
バランス運動			○	○			○			
連続運動		○			○	○				○
面接										
親子面接	○	○	○	○	○	○	○	○	○	○
保護者(両親)面接										
本人面接										

※伸芽会教育研究所調査データ

小学校受験Check Sheet

　お子さんの受験を控えて、何かと不安を抱える保護者も多いかと思います。受験対策はしっかりやっていても、すべてをクリアしているとは思えないのが実状ではないでしょうか。そこで、このチェックシートをご用意しました。1つずつチェックをしながら、受験に向かっていってください。

✽ ペーパーテスト編

①お子さんは長い時間座っていることができますか。

②お子さんは長い話を根気よく聞くことができますか。

③お子さんはスムーズにプリントをめくったり、印をつけたりできますか。

④お子さんは机の上を散らかさずに作業ができますか。

✽ 個別テスト編

①お子さんは長時間立っていることができますか。

②お子さんはハキハキと大きい声で話せますか。

③お子さんは初対面の大人と話せますか。

④お子さんは自信を持ってテキパキと作業ができますか。

✽ 絵画、制作編

①お子さんは絵を描くのが好きですか。

②お家にお子さんの絵を飾っていますか。

③お子さんははさみやセロハンテープなどを使いこなせますか。

④お子さんはお家で空き箱や牛乳パックなどで制作をしたことがありますか。

✽ 行動観察編

①お子さんは初めて会ったお友達と話せますか。

②お子さんは集団の中でほかの子とかかわって遊べますか。

③お子さんは何もおもちゃがない状況で遊べますか。

④お子さんは順番を守れますか。

✽ 運動テスト編

①お子さんは運動をするときに意欲的ですか。

②お子さんは長い距離を歩いたことがありますか。

③お子さんはリズム感がありますか。

④お子さんはボール遊びが好きですか。

✽ 面接対策・子ども編

①お子さんは、ある程度の時間、きちんと座っていられますか。

②お子さんは返事が素直にできますか。

③お子さんはお父さま、お母さまと3人で行動することに慣れていますか。

④お子さんは単語でなく、文で話せますか。

✽ 面接対策・保護者（両親）編

①最近、ご家族での楽しい思い出がありますか。

②ご両親の教育方針は一致していますか。

③お父さまは、お子さんのお家での生活や幼稚園・保育園での生活をどれくらいご存じですか。

④最近タイムリーな話題、または昨今の子どもを取り巻く環境についてご両親で話をしていますか。

section
2023　横浜雙葉小学校入試問題

■ 選抜方法

考査は1日で、25〜30人を１グループとしてペーパーテスト、集団テスト、運動テストを行う。所要時間は約２時間30分。考査日前の指定日時に親子面接がある。

▎ペーパーテスト

筆記用具はクーピーペン（青）を使用し、訂正方法は ⋙（ギザギザ線）。出題方法は音声。

1 話の記憶

※「あなぐまのクリーニングやさん」（正岡慧子作　三井小夜子絵　ＰＨＰ研究所刊）のお話を基に出題された。

「ヒツジさんのお店は、村でたった１軒のクリーニング屋さんです。ヒツジさんはとても丁寧にお仕事をするので、洗濯物はいつもピッカピカです。そのうえ、破れているところはミシンで縫ったり、取れかけのボタンもきちんとつけ直してくれます。また、すてきな布をくっつけたりするので、ヒツジさんは大忙しです。『はいはい。ネズミさんは、半ズボン５枚ですね』『カエルさんは、コーラスの衣装でしたね。胸につける、リボンのお花を作っておきましたよ』。そんなある日、遠い町からライオンさんがわざわざ訪ねてきました。『あなたが評判のクリーニング屋さんですな』。ヒツジさんは、初めて見るライオンさんの大きさにびっくりして声も出ません。『わたしの洋服をお願いしたいのだが』『は、はい』。ヒツジさんは緊張して、体が棒のように固くなりました。『これは、わたしの大事なものでしてね』と言うと、ライオンさんはとても大きい真っ白な燕尾服を出しました。『なんてすばらしい燕尾服なんだろう』。ヒツジさんは大きなため息をつきました。『大事なものをわざわざ持ってきてくれるなんて、本当にうれしいことだわ。きれいに仕上げなくちゃ』。ヒツジさんは、張り切って仕事台いっぱいに上着を広げ、どんな汚れも見落とさないように隅から隅まで点検をしました。次は、ドライクリーニングです。ヒツジさんは、ぐるぐる回る洗濯機から、ひとときも目を離しません。さて、ここからがヒツジさんの腕の見せどころです。広げた上着にアイロンをかけます。蒸気がシュワーッと音を立てました。『気をつけて、気をつけて』。ヒツジさんの額に汗がにじみました。すると『リリリ〜ン』と突然電話が鳴りました。ヒツジさんはびっくりしてアイロンを置き、電話のそばへ駆け寄りました。ところが、慌てたヒツジさんの足にアイロンのコードが絡まりました。『おっ、とっとっと！』なんと、アイロンがゴトンと倒れたのです。『あーっ！』真っ白な上着の背中に、アイロンの焦げ跡がくっきりと残ってしまいました。焦げ跡は真ん中にあって、とても目立ちます。ヒツジさんはうずくまり、『どうしよう、どうしよう』と

うわごとのように何度もつぶやき、じっとしたまま動けません。『そうだ！』ヒツジさんはよいことを思いつきました。そして針と糸を取り出すと、さっそく刺繍を始めました。なんと、焦げ跡を鼻にして、ライオンさんの顔を作り始めたのです。夜の12時を過ぎても、ヒツジさんはひとときも休まず縫い続けました。あくる日、ヒツジさんは燕尾服を持って、ライオンさんのところへ出かけました。ヒツジさんは正直にお話しして、心からライオンさんに謝りました。ライオンさんは、黙ってうなずきました。それから何日か経って、ヒツジさんのところにライオンさんから音楽会の招待状が届きました。『許してくれたのかなあ』。ヒツジさんは部屋中をあっちへ行ったり、こっちへ来たり、なんだか気持ちが落ち着きません。音楽会は町で一番大きな劇場で行われました。会場は満員です。始まりのベルが鳴ると、舞台にずらりと演奏者が並びました。そして拍手に迎えられて出てきたのは、ライオンさんでした。『あっ、ライオンさんだ。ライオンさんは指揮者だったんだ』。ライオンさんが客席に背中を向けました。『あっ！　あれは……』揺れるライオンさんの背中で、ヒツジさんが心を込めて縫い上げた刺繍のライオンさんが、ゆっくりと動き始めました。『……心配しないで』と、ライオンさんの声が聞こえたような気がしました。『よかった、本当によかった』。ヒツジさんは、今日もせっせとお洗濯です。洗いたての大きなシャツを物干しざおに洗濯ばさみで留めていきます。『そうだ、乾いたらすぐにアイロンで仕上げて、ライオンさんに届けてあげよう』。なびくシャツがはたはたとうなずいて、風が駆け抜けていきました」

・お話に出てきたものに○をつけましょう。
・ヒツジさんは、ライオンさんの洋服を焦がしてしまいましたね。どうしてですか。お話と合う絵に○をつけましょう。
・左上の太線の丸の絵から、お話の順番になるように絵を線で結びましょう。

2 常識（なぞなぞ）

・わたしはふたごです。ご主人さまが出かけるときに一緒についていきますが、帰ってきたら玄関でゆっくり休めます。わたしは誰でしょう。合う絵に○をつけましょう。
・わたしにはいろいろな種類があります。ものと交換できます。わたしは誰でしょう。合う絵に○をつけましょう。
・わたしはみなさんの頭を守ります。夏のお出かけにかぶるとおしゃれにもなります。わたしは誰でしょう。合う絵に○をつけましょう。

3 数量

動物たちがお祭りに来ています。
・わたあめを持っている動物は何匹ですか。その数だけ、星の横のマス目に1つずつ○をかきましょう。

・リンゴアメのお店に並んでいる動物がそれぞれ1本ずつリンゴアメを買うには、リンゴアメはいくつ足りませんか。その数だけ、リンゴの横のマス目に1つずつ○をかきましょう。

・キンギョすくいのお店で、今並んでいるウサギたちがキンギョを2匹ずつすくっていくと、最後にすくえるのはどのウサギですか。そのウサギの洋服を塗りましょう。

・太鼓の周りで盆踊りをしている動物たちのうち、5匹が帰り、その後で3匹がやって来ました。動物は今、何匹になりましたか。その数だけ、三日月の横のマス目に1つずつ○をかきましょう。

4 観察力（同図形発見）

・上のお手本と同じ絵を下から探して、○をつけましょう。

5 構 成

・左のお手本の形をつなげてできる形を、右から選んで○をつけましょう。向きは変えてもよいですが、裏返したり重ねたりしてはいけません。

6 推理・思考（比較）

・白と黒に塗り分けられた真四角があります。この中から、白いところと黒いところが同じ広さのものに○をつけましょう。

7 言 語

・左の絵の名前の最後の音をつなげるとできるものを右側から選び、点と点を線で結びましょう。

8 推理・思考（ひも）

・両端を引っ張ると結び目ができるものに○をつけましょう。

集団テスト

9 数量・巧緻性

女の子が4人描かれた台紙、赤、青、黄色、緑の直径9mmの丸シールが1シートずつ用意されている。筆記用具はペーパーテストで使用したクーピーペン（青）を使用する。

・ポニーテールの女の子がふたばちゃんです。ふたばちゃんのかばんに青いアメを入れてあげます。全部のマス目に1枚ずつ青のシールを貼りましょう。

・ふたばちゃんの下にいる女の子のかばんには持ち手がありません。ふたばちゃんのかば

んと同じ持ち手を描いて、持ち手の中を塗りましょう。

・今、持ち手を描いたかばんに、黄色のアメをかばんの半分だけ入れます。かばんのマス目の半分に、1枚ずつ黄色のシールを貼りましょう。

・眼鏡をかけた女の子は、かばんいっぱいに赤いアメが入っていました。そのアメを、上のお友達に5個、隣のお友達に3個あげました。今残っている数だけ、かばんのマス目に1枚ずつ赤のシールを貼りましょう。

・眼鏡をかけている女の子の上のお友達の本を塗りましょう。

運動テスト

模倣体操

フープの中に立ち、前屈と後屈、伸脚、ジャンプなどをテスターのお手本と同じように行う。

かけっこ

スタートラインから走り、縦に2つ並んだコーンの周りを2周して戻る。終わったら指示された床のフープの中に1人ずつ入り、後ろ向きに座って待つ。

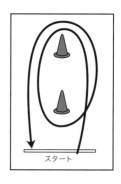

指示行動

テスターに呼ばれたらマットの上に立ち、レジ袋の持ち手を両手で持つ。

・「やめ」と言われるまで、袋に空気が入るように上下に振る。

・「やめ」と言われるまで体の前でバツ印をかくように袋を斜めに振る。

・レジ袋を持って両手を上げたまま、空気が入るようにして向こう側に置かれたコーンまで走る。

・終わったらレジ袋を畳み、テスターに渡す。

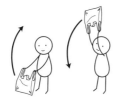

袋を上下に振る

バツ印をかくように袋を上下斜めに振る

袋を両手で持って
上げたまま走る

親子面接

親子で入室し、父母への質問の後親子ゲームを行い、その後本人への質問がある。

父　親

- 志望動機をお聞かせください。
- 本校に来校されたことはありますか。
- 本校をどのように知りましたか。
- 本校の印象をお聞かせください。娘さんの成長にどのような影響を与えるとお考えですか。
- 女子校について、どのように思われますか。
- キリスト教について、どのように思われますか。
- 子どもにとって、父親の役割とはどのようなものだと思いますか。
- お子さんのよいところを教えてください。
- どのようなお子さんに育ってほしいですか。
- お子さんの得意なこと（好きな遊びや夢中になっていること）は何ですか。
- お子さんの成長を感じたのはどのようなときですか。
- どのようなお子さんだと思いますか。
- お子さんの優しいところを教えてください。
- お子さんとの時間をつくるために、ご両親でどのように話し合っていますか。

母　親

- 志望理由をお聞かせください。
- なぜ女子校を志望されているのですか。その中で、なぜ本校なのですか。
- 本校の教育方針の中で、どのような点がお子さんに合っていると思われますか。
- しつけで気をつけていることは何ですか。
- お子さんと接するときに気をつけていることは何ですか。
- お仕事についてお聞かせください。
- 仕事と育児を両立するために、どのようになさっていますか。
- 子育てをしていてうれしかったことは何ですか。
- どのような母親でありたいと思われますか。
- お子さんの喜んでいる顔を見たのは、最近ではいつ、どのようなときでしたか。
- お子さんのよいところ、直してほしいところは、どのようなところですか。
- ご自身のご両親から教わったことがあれば、1つ教えてください。

📋 親子ゲーム

親と子に分かれて、両面のホワイトボードスタンドを挟んで着席する。ホワイトボードの

両面には5種類のマグネットブロックがつけられていて、子ども側の面にはそのうち3種類を使った形が作ってある。子どもはその形がどのようなものかを親に説明し、親はその説明に従って同じ形を作る。なお、親は子どもに質問をしてよいという注意書きも貼られている。作り終わったら子ども側の面と同じ形になっているかを確認し、違っていた場合は修正する。その後、親は作った形にマグネットブロックを1つ足し、どのような形にしたかを子どもに説明する。子どもはその説明を基に自分側の形にマグネットブロックを1つ足し、親側の形と同じになるようにする。

〈セッティング例〉
保護者
子
両面の
ホワイトボード
双方に同じマグネットが
用意されている

本 人

（ゲームの後、いすから立ちテスターの方を向いて質問に答える。回答により、質問が発展する）

・お名前と通っている幼稚園（保育園）の名前を教えてください。
・幼稚園（保育園）では何をして遊びますか。
・お家では何をして遊ぶのが好きですか。
・お母さんとは何をして遊びますか。
・お母さんとお料理をしたことはありますか。
・お母さんのお料理で好きなものは何ですか。
・どんなお手伝いができますか。
・お母さんに「ありがとう」と言われることはありますか。それはどんなときですか。
・魔法が使えたら、何をしたいですか。
・魔法を使えたら、お母さん（お父さん）に何をしたいですか。
・夏休みに楽しかったことは何ですか。
・体を動かすことは好きですか。
・今一番楽しいことは、どんなことですか。
・今一番頑張っていることは、どんなことですか。

面接資料／アンケート

出願時に志望理由書（Ａ４判。表16行、裏8行）に記入し、提出する。以下のような項目がある。

・志望理由について。
・家族構成について。

1

2023
2022
2021
2020
2019
2018
2017
2016
2015
2014

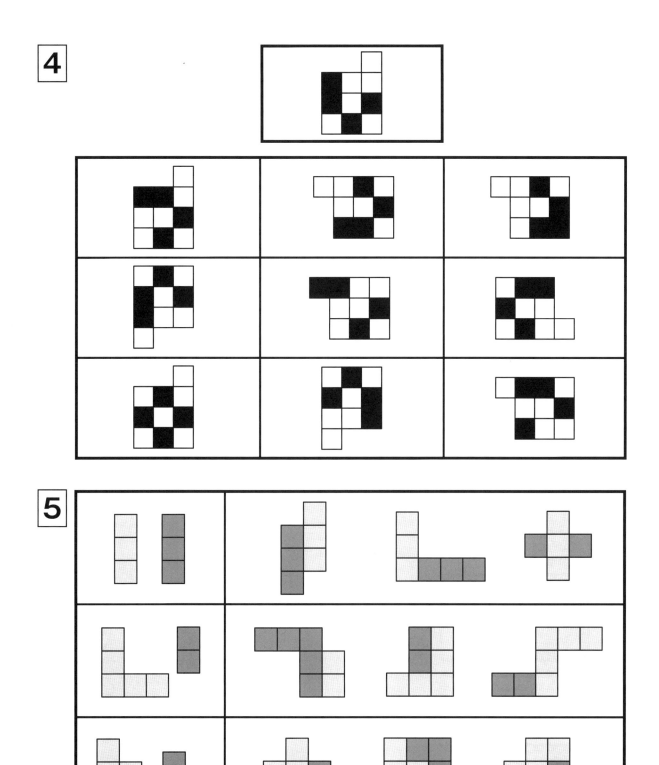

6

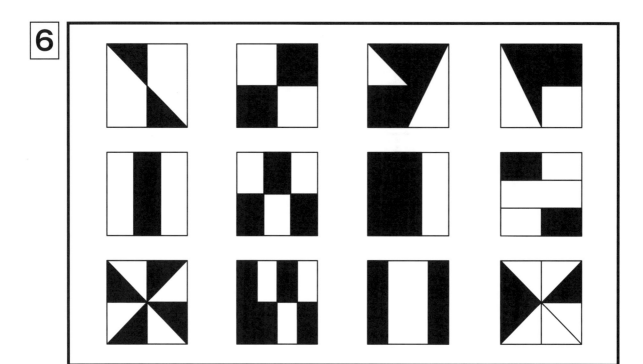

7

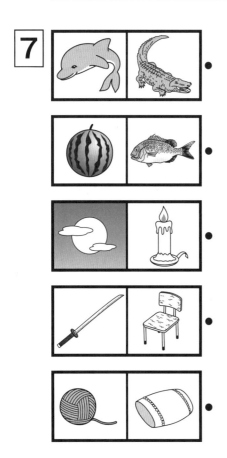

8

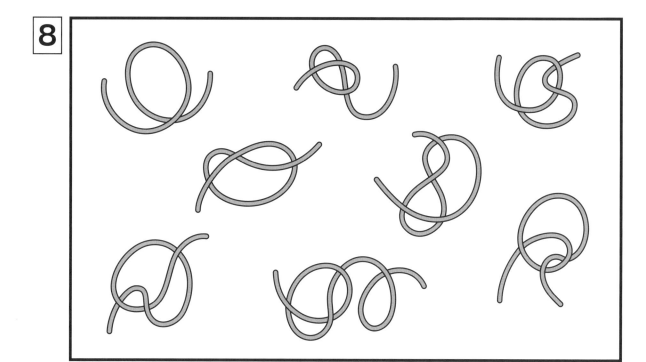

9

section
2022 横浜雙葉小学校入試問題

■ 選抜方法

考査は1日で、25〜30人を1グループとしてペーパーテスト、集団テスト、運動テストを行う。所要時間は約4時間。考査日前の指定日時に親子面接がある。

┃ ペーパーテスト ┃ 筆記用具はクーピーペン（青）を使用し、訂正方法は 〰〰（ギザギザ線）。出題方法は音声と口頭。

1 話の記憶

※「めんどりのコッコおばさん」（小沢正作　渡辺有一絵　あかね書房刊）のお話を基に出題された。

「ある秋の日、めんどりのコッコおばさんは野原へ散歩に出かけました。するとネコ君が草の上に腰を下ろして、何かをむしゃむしゃと食べています。『黄色くて丸い形をしたものが落ちていて、おいしそうなにおいがしたから食べたんだ』とネコ君が言ったので、コッコおばさんは残っていたかけらを手にとってじろじろと眺めました。そして、コッコおばさんはぴょんと跳び上がりました。『大変。これはお月様らしいわよ！』『お月様？』『ええ。ゆうべは風が強かったから、お月様は吹き飛ばされて野原へ落ちてきたんだわ。それをネコ君が食べてしまったのよ』。そこへ、ウサギ君とブタ君とクマ君がやって来て、話を聞くと目を丸くして驚きました。『ネコ君』。ブタ君が、厳しい顔で言いました。『お月様というのは、たった1つしかないものなんだぞ。お月様がないと、夜が真っ暗になってしまって、外を歩くとき、ごつんごつんとぶつかってばかりで頭がこぶだらけになってしまうんだぞ。そんなお月様を、どうして食べてしまったりしたんだい？』ウサギ君もおっかない顔で言いました。『ネコ君。真っ暗けになるとお化けも出ちゃうし、お月見もできなくなっちゃうぞ。それでもいいと思っているの？』そこでクマ君も、『ネコ君』とおっかない顔で何か言おうとしました。でもクマ君はちょっとのんびり屋でしたから、言うことが思いつかなくて、その後は仕方なしに『うー』とうなるだけでした。ネコ君は、困って泣きだしてしまいました。それを聞いていたフクロウさんが、『うん、いい考えがある。みんなでゾウさんのところへ行って、大きなフライパンを借りて大きなホットケーキを焼いてみなさい』と言いました。そこでみんなでゾウさんのお家へ行くと、コッコおばさんはゾウのおばさんに言いました。『ゾウさん、おたくのフライパンでホットケーキを焼かせてくださいな』『どうして、ホットケーキを焼くんですの？　それにどうして、うちのフライパンでなければいけませんの？』聞きたがり屋で有名な、ゾウのおばさんがたずねました。『わけは、後でお話しします。大きなフライパンがいるんです。ちょっと台所を

お借りしますよ』。コッコおばさんはずんずんと台所へ入っていくと、卵に牛乳、小麦粉を混ぜて、大きなフライパンでホットケーキを焼きました。『さあみんな、これが新しいお月様よ。みんなでこのホットケーキを山の向こう側へ置いていらっしゃい』。『はあい』。ウサギ君とブタ君とネコ君はホットケーキを荷車に積んで、元気いっぱい駆け出しました。ちょっとのんびり屋のクマ君は、『おーい、待ってよ』と言いながら、どたどたとみんなの後から走っていきました。ウサギ君とブタ君、ネコ君、クマ君は、山の向こうの池のそばへ荷車からそっとホットケーキを降ろすと、大急ぎで元の野原に戻ってきました。やがて夕方になりました。『お月様、うまく空へ上ってくれるかな』。ネコ君たちは、胸をどきどきさせながら、コッコおばさんと一緒にお月様が上るのを待ちかまえました。そのときです。山の向こうからまんまるのお月様が、ひょっこりと顔を出しました。『わあい、上った上った。ホットケーキのお月様だあ！』みんなは大喜び。ネコ君もうれしくなって、思わずにっこりとしました。でも、ネコ君には今度のお月様も、とてもおいしそうに見えて仕方がありませんでした」

- お話の順番になるように、それぞれの絵の点と点をつないでいきましょう。
- お話に出てきたものに○をつけましょう。
- 月がないとどうして困るのでしょう。お話と違う絵に✕をつけましょう。

2 数 量

子どもたちが広場で遊んでいます。

- 三つ編みをしている女の子は何人いますか。その数だけ、星の横のマス目に1つずつ○をかきましょう。
- 水玉模様の洋服を着ていて、帽子をかぶっていない女の子は何人いますか。その数だけ、ハートの横のマス目に1つずつ○をかきましょう。
- ボールを持っている女の子が3人帰りました。今、ボールを持っている女の子は何人いますか。その数だけ、月の横のマス目に1つずつ○をかきましょう。
- リボンをつけている女の子に、チューリップを2本ずつあげます。チューリップはあと何本あるとよいですか。その数だけ、太陽の横のマス目に1つずつ○をかきましょう。

3 言 語

- 上の四角です。名前の初めの音が「オ」のものに○をつけましょう。
- 同じところです。名前の2番目の音が「ン」のものに△をつけましょう。
- 真ん中の四角です。名前の最後の音が「マ」のものに○をつけましょう。
- 下の四角です。絵をしりとりでつなげます。全部つながるときには右端の四角の中に○をかきましょう。つながらないときには何もかきません。

4 構　成

・左の形がお手本です。お手本と同じものを作るとき、右側の形のどれとどれを重ねたらできますか。使うものを選んで○をつけましょう。形は向きを変えてもよいですが、裏返してはいけません。

5 推理・思考（ひも）

・左端のお手本のはさみの線のところで、ひもを切ります。切った後のひもの様子で、正しいものを右から選んで○をつけましょう。

6 推理・思考（進み方）

・ウサギがマス目を通ってお友達のところへ行きます。マス目は白、黒、白、黒の順に進み、最後は必ず黒を通るお約束です。縦と横には進めますが、斜めに進むことはできません。また同じマス目は1度しか通れません。では、ウサギが進んだマス目に線を引きましょう。

7 推理・思考（ルーレット）

・ピザがあります。黒丸のところから、エビ、トマト、キノコの順に1切れに1つずつ具をのせていきます。トマトをのせるところに×をつけましょう。
・黒丸のところから、お父さん、お母さん、ふたばちゃん、弟の順に1切れずつピザを配ります。ふたばちゃんがもらうところに○、お父さんがもらうところに△をつけましょう。

8 数量・巧緻性

・左端がお手本です。右側の四角を合わせてお手本と同じ数にします。上から3段目までは2つ、一番下の段は3つの四角を選んで、それぞれ○をつけましょう。

シールの入ったクリアファイルが用意される。
・今度も左端のお手本と同じ数になるように、シールを選んで右側の四角に貼りましょう。四角が2つある段は2枚のシール、3つある段は3枚のシールを貼ってください。

集団テスト

自由遊び

図書室で、お友達と自由に遊ぶ。

〈約束〉
・テーブルに乗らない。
・走らない。
・小屋には4人までしか入らない。
・鐘がなったら片づける。
・どこにしまうか忘れてしまった本は、黄色いカゴに入れる。

行動観察

ビデオで「ひつじのショーン」を観る。床の上に正座か体操座りをして鑑賞する。

運動テスト

かけっこ

赤いラインで待ち、「次の人」と言われたらスタートの青いラインに進む。縦に2つ並んだコーンの周りを2周して戻る。終わったら指示された床のフープの中に1人ずつ入り、座って待つ。

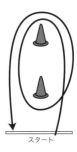

スタート

連続運動

音楽に合わせてマットまでスキップする→マットの上でジャンプをする（マットは跳んだときに弾むタイプのもの）。テスターの指示に合わせてジャンプしながら回る→マットから静かに降り、早歩きで戻る。

親子面接

本人

（回答により、質問が発展する）
・お名前と通っている幼稚園（保育園）の名前を教えてください。
・幼稚園（保育園）で好きな遊びは何ですか。
・幼稚園での決まりやお約束、やってはいけないことなど先生から気をつけるように言われていることは何ですか。
・お家で注意されていることは何ですか。それはなぜですか。
・電車で気をつけることを教えてください。それはなぜですか。それを守って通えますか。

・学校まで遠いですが、通えますか。

・お父さん（お母さん）と何をして遊びますか。何をして遊ぶのが好きですか。

・お父さんとお母さんの好きなところはどこですか。

・お手伝いは何をしていますか。どんなところが難しいですか。

・お父さんはどんな人ですか。

・お母さんのよいところはどこですか。

・自分の好きなところを教えてください。

・この学校について、お母さんから聞いていることはありますか。

・将来の夢は何ですか。それは、どうしてですか。

父　親

・本校をお知りになったきっかけと、志望動機をお聞かせください。

・本校のよいところをどのようにお考えですか。

・本校のどのようなところを気に入りましたか。

・通学時間が少し長いようですが、通えますか。

・お子さんのよいところと、少し直してほしいところを教えてください。

・お父さまから見て、お子さんの苦手としていることは何ですか。

・休日はお子さんとどう過ごしますか。何をして遊びますか。

・外遊びはどんなことをしますか。

・お子さんの気に入っていることは何ですか。

・最近、お子さんにしてもらってうれしかったことは何ですか。

・ご自身のお仕事について、お子さんにお話しすることがありますか。

・お父さまはお医者様ですが、コロナ禍でどのようなことをお子さんに伝えていますか。

母　親

・志望理由をお聞かせください。

・通学時間が長いですが、大丈夫ですか。

・ごきょうだいがいらっしゃいますが、どのようにお過ごしですか。

・お手伝いは何をさせていますか。

・お子さんのすてきなところと直してほしいところ（長所と短所）を教えてください。

・お子さんは、家ではどんな遊びが好きですか。嫌いなことはありますか。

・今、お子さんが夢中になっていることは何ですか。

・お子さんの日ごろの過ごし方を教えてください。

・保育園から幼稚園に転園した理由を教えてください。

・お仕事と子育ての両立は、大変ではないですか。

・キリスト教について、何か活動はされたことがありますか。

・（卒業生の場合）本校の教えで、子育てに生かしていることはありますか。

親子ゲーム（連想ゲーム）

まず親が、テスターからタブレット端末で画像を見せられる。親はその画像について子どもにヒントを出し、子どもはそれが何かを当てる。その後交代し、子どもが画像を見せられてヒントを出し、親が当てる。

〈画像例〉

フライパン、横断歩道、はしご、ジェットコースター、ジャングルジム、チャーハン、お茶わんに盛られた白いご飯、たい焼き、ピザ、パイナップル、アメ、本、アイスクリーム、鈴、鍵、ペンギン、クラゲ、ハトなど。

| 面接資料／アンケート | 出願時に、面接資料（A3判。左17行、右8行）に記入し、提出する。以下のような項目がある。 |

・志望理由について。
・家族構成について。

1

2

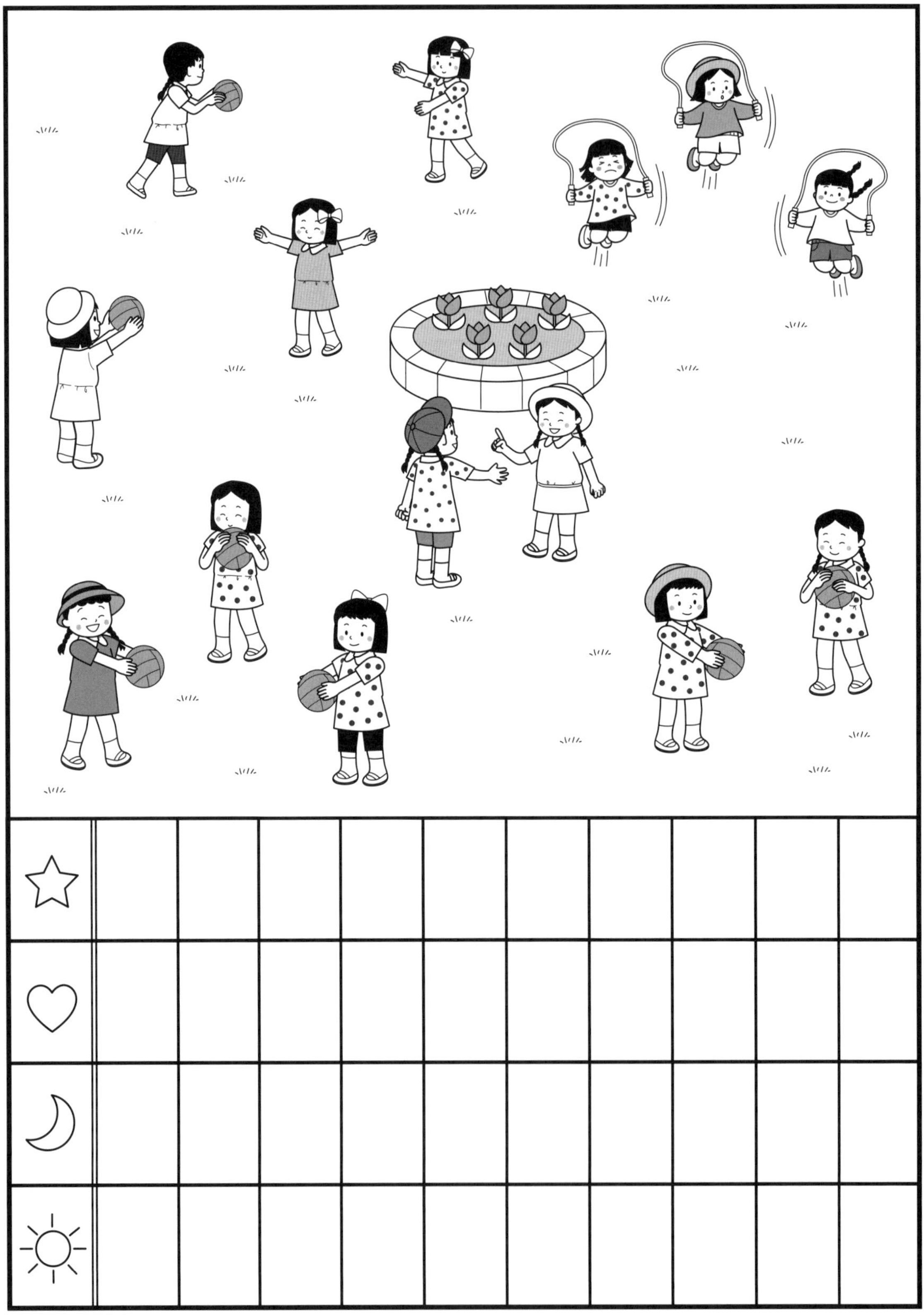

☆										
♡										
☽										
☼										

3

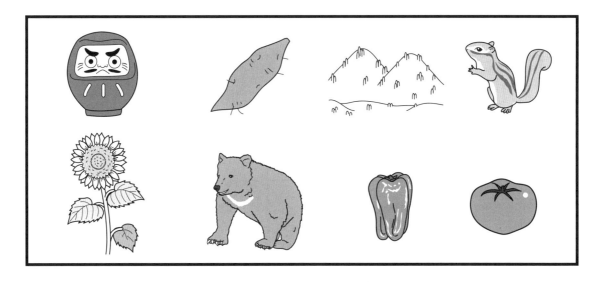

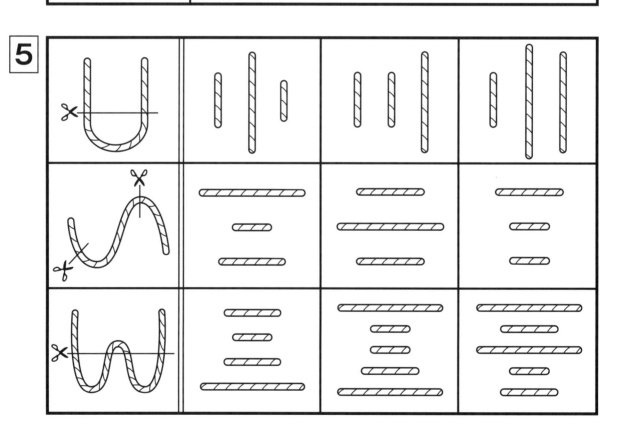

6

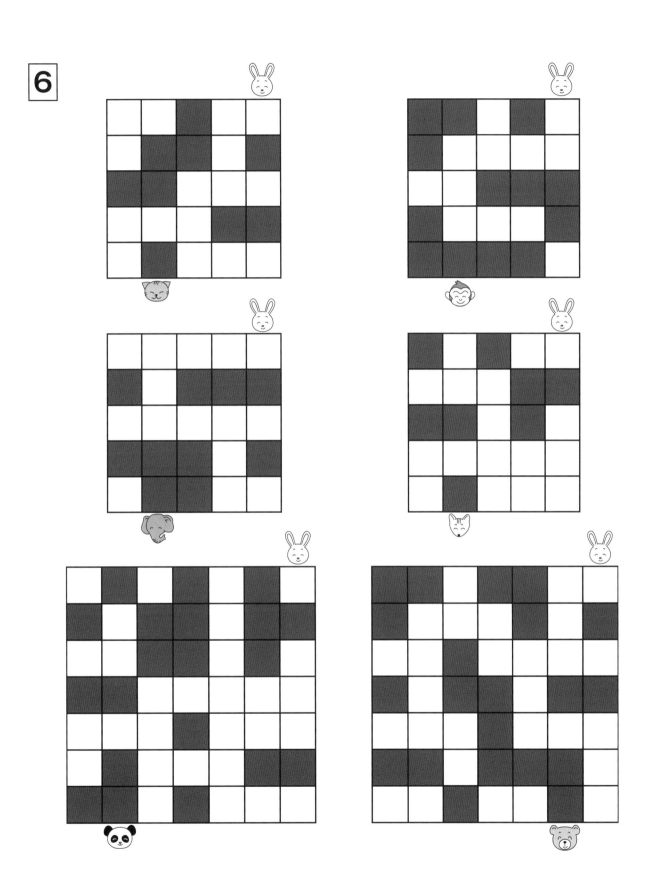

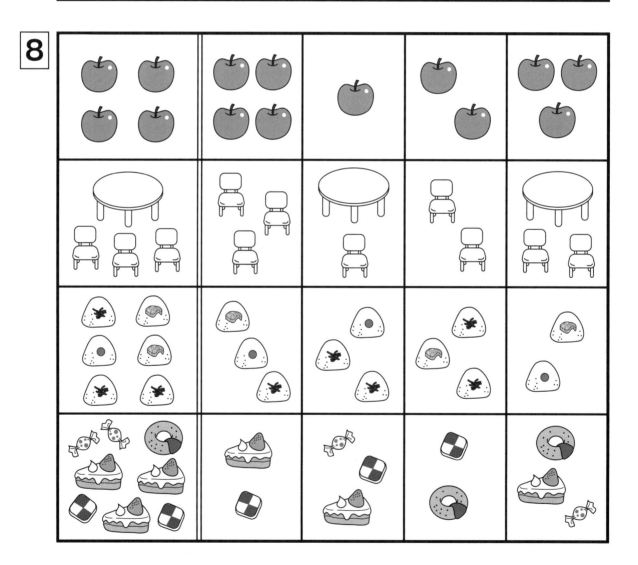

【解答用シール】

2023
2022
2021
2020
2019
2018
2017
2016
2015
2014

2021　横浜雙葉小学校入試問題

■ 選抜方法

考査は１日で、約30人を１グループとしてペーパーテスト、集団テスト、運動テストを行う。所要時間は２時間30分～３時間。考査日前の指定日時に親子面接がある。

｜ ペーパーテスト　｜ 筆記用具はクーピーペン（青）を使用し、訂正方法は 〰〰〰（ギザギザ線）。出題方法は口頭。

1 話の記憶

※「やまねこせんせいのなつやすみ」（末崎茂樹作・絵　ひさかたチャイルド刊）のお話を基に出題された。

「キツネのコンタ先生の病院は夏休みです。そこで、コンタ先生はウサギさん、ブタさん、ネコさんと一緒に浜辺にキャンプにやって来ました。ウサギさんやブタさん、ネコさんたち子どもはみんな、お父さんやお母さんも一緒です。まずは、みんなで浜辺にテントを張りました。するとコンタ先生が、『みんなは海に入って泳いでおいで』と言ったので、みんなは大喜びで海に入りました。『わーっ。しょっぱい！』海の水が口に入って驚いたり、みんなで作ったいかだに乗ったり、泳いだりして大はしゃぎです。コンタ先生は泳ぐのが苦手なので、薪を集め、たき火でごはんの準備をしています。そのうちに、いっぱい遊んだみんなはおなかがペッコペコ。たき火で作ったカレーがとてもよいにおいです。みんなでたき火の周りに座って、カレーをいただきます。『うーん。おいしそう』『いただきまーす！』『外で食べるカレーはとびっきりおいしいね』。コンタ先生は３回もおかわりをしました。すっかり夜になったので、お母さんたちが『さあみんな、もう寝る時間よ』と言いました。でも、『いやだー。もっと遊びたーい』とブタさんが嫌がります。するとコンタ先生が低い声でささやきました。『いつまでも起きていると海坊主が出るぞー』『えっ。な、なあに？　海坊主って？』『海の妖怪。海坊主は、夜になると大きな口を開けて、オオーン、オオーンと……』と言うと、『もうやめてー！　怖いよー！』とブタさんは泣きだしそうです。ところが、本当に『オオーン、オオーン』と声が聞こえてくるではありませんか。子どもたちは怖くなって、テントにすぐに飛び込みました。次の日、『オオオ〜ン。オオオ〜ン！』朝になっても声がまた聞こえてきます。『先生、海坊主は朝にも出るの？』『うーん。海坊主じゃないと思うけど……』。するとブタさんのお父さんが言いました。『調べに行こうよ、先生』『僕たちもついていってあげる』。声が聞こえた岩場の方へみんなが登っていくと、何とコンタ先生がツルッとすべって岩から海へ落ちてしまいました。泳ぎが苦手なコンタ先生は、慌てて近くの岩につかまりました。すると、それは岩ではなくクジ

ラのひれでした。『わっ、クジラ君！　涙を浮かべてどうしたの？』『おなかがチクチク痛いよ～。オオオ～ン！』『泣かないで、僕が診てあげるよ。こう見えてもお医者さんなんだから。ちょっと待ってて。すぐに戻ってくるからね』。コンタ先生は、お薬が入ったかばんを持ってみんなが作ったいかだに乗ってやって来ました。『さあ、クジラ君、大きく口を開けて。おなかの中を調べてみるから』。ウサギさんやブタさん、ネコさんも一緒にいかだに乗って、クジラ君のおなかに入っていきました。『まるで、探検みたいだなあ』『あーこれだ！　こんなに大きな木が刺さってる。食べるときに一緒に飲み込んでしまったんだな。さあ、みんなで木を引き抜くんだ！』『ヨイショ、ヨイショ、ヨイショ！』スポーン！『抜けたぞ！』『やったー！』コンタ先生はかばんから薬を出すと、傷口にたっぷりと塗ってあげました。『これでよし！』コンタ先生たちはクジラ君のおなかから出てきました。『やあ、ありがとう。おかげで楽になったよ』。クジラ君がお礼を言うと、『おなかの中にこんな木が刺さっていたよ。傷口に薬を塗っておいたから、もうだいじょうぶ。今度から食べるときには気をつけるんだよ』。コンタ先生が言いました。『うん、そうするよ』。クジラ君は、すっかり元気になりました」

・お話の順番になるように、絵の点と点を線でつないでいきましょう。
・クジラ君はなぜ泣いたのでしょうか。お話と合うと思う絵を選んで○をつけましょう。
・お話に出てくる動物が全部描いてある四角に○をつけましょう。

2 数　量

動物たちがレストランで食事をしています。
・ウサギとブタではどちらの数が多いですか。リンゴの横の四角から多い方の顔を選んで○をつけましょう。
・クマとサルでは何匹違いますか。その数だけ、ブドウの横のマス目に1つずつ○をかきましょう。
・レジに並んでいるクマとサルにアメをあげます。クマには1つずつ、サルには2つずつあげるとすると、アメは全部でいくつあればちょうどよいでしょうか。ミカンの横のマス目にその数だけ○をかきましょう。
・三角のテーブルに座っていた動物が3匹帰りました。その後、2匹やって来て座りました。今、三角のテーブルには動物が何匹いますか。バナナの横のマス目にその数だけ○をかきましょう。

3 観察力・話の理解

・リボンをつけていて、右手にソフトクリームを持っている子に○をつけましょう。
・リボンはつけていなくて、右手にブドウを持っている子に△をつけましょう。
・一番下の段の右から3番目の子がふたばちゃんです。ふたばちゃんと同じ洋服を着てい

る子に×をつけましょう。

4 言語・常識

・いろいろな生き物の絵がありますね。この中から、海の中にいて「ア・イ・ウ・エ・オ」の音で始まるものすべてに○をつけましょう。

5 観察力

・左の絵がお手本です。お手本と同じものを右のカードを使って作るとき、使わないカードがあります。そのカードに○をつけましょう。

6 構　成

・上にあるマッチ棒を全部使ってできているものを下から選び、○をつけましょう。

7 系列完成

・決まりよく印が並んでいます。空いているところに入る印をかきましょう。

集団テスト

8 制　作

各自の机の前面にあるついたてに動物のシールが貼ってあり、絵が描かれた台紙、青、赤の丸いシールが各1シートずつ用意されている。お手本は前方に掲示される。

・お手本と同じになるように、青のクーピーペンでかばんの模様を描いたり塗ったりしましょう。
・青と黄色の丸の間に、台紙の点線が見えなくなるように青いシールを貼りましょう。
・黄色と赤の丸の間に、さっきと同じように点線が見えなくなるように赤いシールを貼りましょう。
・赤と緑の丸の間に、点線が見えなくなるように青・赤・青・赤の順にシールを貼りましょう。
・左にふたばちゃんがいます。ふたばちゃんのお洋服に青のクーピーペンで好きな模様をかきましょう。
・下の長四角の中に、余ったシールを好きなように貼りましょう。ただし、点線が見えなくなるように貼ってください。
・（制作中、机のついたてに貼ってある動物のシールごとにテスターに呼ばれてキラキラシールをもらう）キラキラシールを、台紙のかばんのお手本と同じところに貼りましょう。

運動テスト

かけっこ

縦に2つ並んだコーンの周りを2周して戻ってくる。終わったら指示された床のフープの中に1人ずつ入り、後ろ向きに座って待つ。

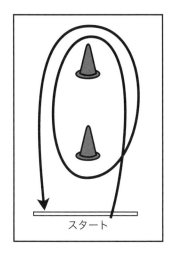

スタート

ボール投げ上げ

フープの中で、ゴムボールを投げ上げて捕る。

ボールつき

フープの外側に立ち、フープの中にゴムボールをついて捕る。「やめ」と言われるまで続ける。

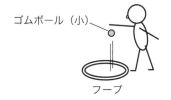

ゴムボール（小）

フープ

ケンケン

指示されたラインの上をケンケンで進む。

親子面接

本人

（回答により、質問が発展する）
・お名前と通っている幼稚園（保育園）の名前とクラスの名前を教えてください。
・幼稚園（保育園）では何をして遊びますか。誰と遊びますか。
・幼稚園（保育園）で今一番楽しいことは何ですか。
・この学校の名前を教えてください。
・お家では何をして遊ぶのが好きですか。

・お父さんとは何をして遊びますか。何をして遊ぶのが好きですか。

・お父さん（お母さん）の好きなところはどこですか。

・お手伝いは何をしていますか。お母さんのお手伝いは何をしますか。

・お母さんのお料理で好きなものは何ですか。

・どんなお料理を作れますか。

・幼稚園はお弁当ですか、給食ですか。お弁当は誰が作りますか。

・お父さんが作るお弁当で好きなものは何ですか。

・得意なことは何ですか。

・小学校に入ったら何をしたいですか。どんな小学生になりたいですか。

・お父さん、お母さんはどんな人ですか。お姉さんはどんな人ですか。

・きょうだいとは何をして遊びますか。

父 親

・コロナウイルス対策で学校は休校になりましたが、ご家庭はどうでしたか。

・コロナウイルス対策の自粛期間はどのように過ごし、どのような気づきがありましたか。

・普段、お子さんとどうかかわっていますか。

・お子さんと休日はどう過ごしますか。何をして遊びますか。

・最近、お子さんにしてもらってうれしかったことは何ですか。

・お子さんのよいところを教えてください。

・本校を知った理由は何ですか。

・お住まいの近くで本校の生徒を見かけますか。

・説明会がなかったため動画を見ていただきましたが、父親として印象に残るものは何でしたか。

・引っ越しについて具体的に状況を説明してください。

・遠方ですが、通学についてどうお考えですか。

母 親

・コロナウイルス対策期間中、お家ではどのように過ごしましたか。

・お子さんとお家ではどのように過ごされていますか。

・お子さんのよいところを教えてください。

・お子さんはお家でどのようなお手伝いをしますか。

・お子さんが頑張っていることは何ですか。

・お子さんが夢中になっていることを教えてください。

・（卒業生の場合）本校についてお子さんにお話をされることはありますか。

・願書に書かれているご家庭の考えはカトリックの考えに近いようですが、どうしてこのような考えになったのですか。

・通学に１時間と少し遠いようですが、どのように思われていますか。

・上のお子さんと違う学校を選んだ理由は何ですか。ごきょうだいで違う学校になりますが大丈夫ですか。

・ごきょうだいがいらっしゃいますが、お子さんはどのようにかかわっていますか。

🎴 親子ゲーム

何枚かの絵カードのうち１枚を出され、まず子どもが何の絵か質問される。さらにその絵を見て子どもから親に話しかけ、親子で会話をする。子ども→親（父親または母親）→子ども→親（母親または父親）のように、子どもと親のどちらかが交互に、かつ親も代わる代わる話すようにする。会話の内容は絵カードから離れてもよい。子どもの発話回数を多くするため、親は端的に話すよう指示がある。絵カードにはクリスマス、夏祭り、おイモ掘り、電車内の様子、公園の様子、夏のもの、いくつかの野菜などがあり、出されるものが親子によって異なる。

面接資料／アンケート	出願時に、面接資料（Ａ３判。左17行、右８行）に記入し、提出する。以下のような項目がある。

・志望理由について。

・家族構成について。

1

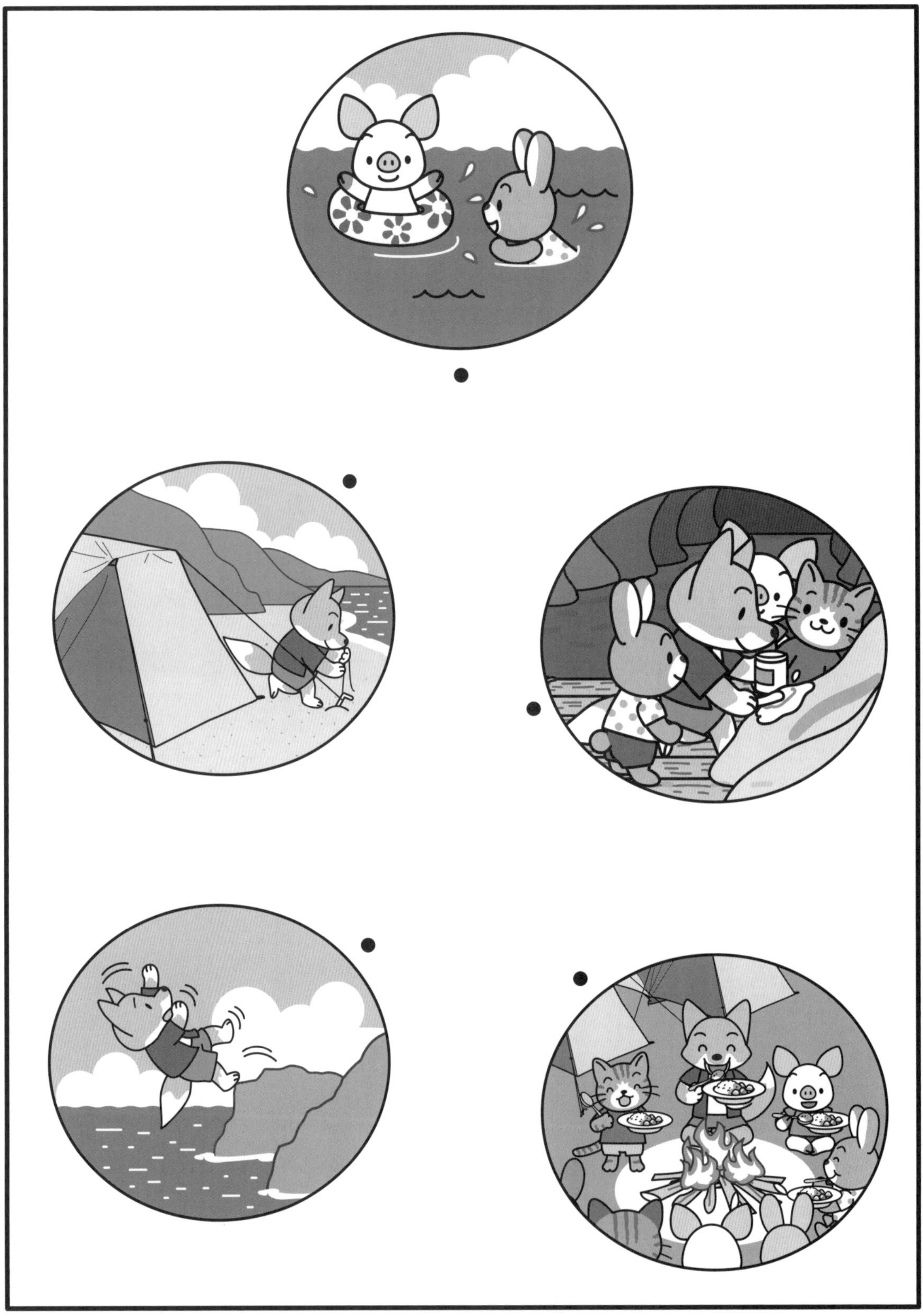

1

2

3

4

5

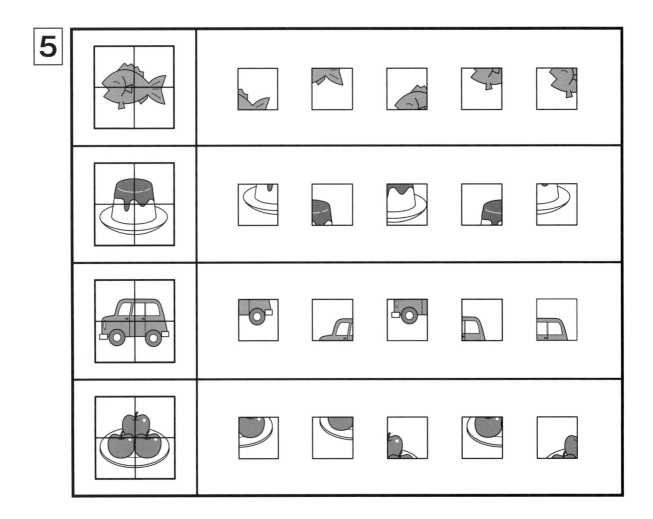

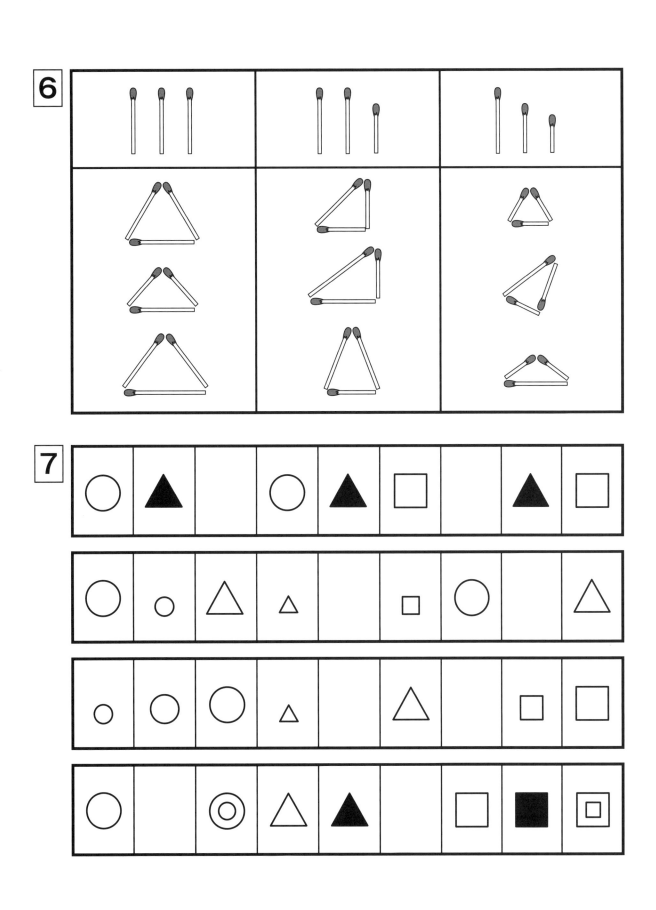

8 【お手本】

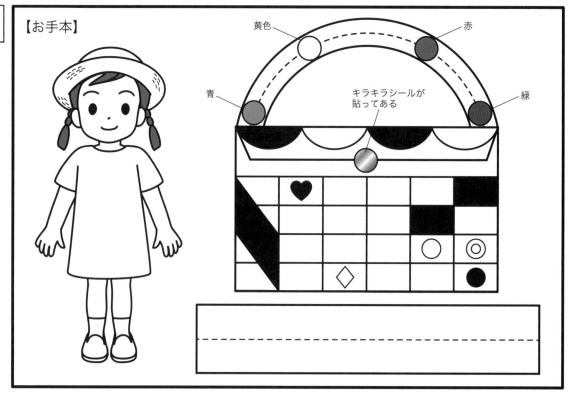

黄色　赤　青　キラキラシールが貼ってある　緑

〈台紙〉

黄色　赤　青　緑

section 2020 横浜雙葉小学校入試問題

■ 選抜方法

願書受付日初日の午前9時以前に集合した人は抽選で、以降は受付順に受験番号が決まる。考査は1日で、約40人を1グループとしてペーパーテスト、集団テスト、運動テストを行う。所要時間は昼食を挟んで5時間30分～6時間。考査日前の指定日時に親子面接がある。

┃ ペーパーテスト ┃ 筆記用具はクーピーペン（青）を使用し、訂正方法は〰〰（ギザギザ線）。出題方法は口頭。

1 話の記憶

※「あかいリボンのおくりもの」（藤田良子作　末崎茂樹絵　金の星社刊）のお話を基に出題された。

「山にまだ雪の残る朝のことです。ウサギのピョンタが目を覚ますと、お家の前に赤いリボンを結んだ小包が置いてありました。『こんなに朝早く、誰だろう』。見てみると、手紙がついています。ピョンタが不思議に思ってのぞき込むと、『幸せ村まで届けてください』と書いてありました。『これは大変。幸せ村は遠いから、さっそく出かけよう』。ピョンタは郵便屋さんです。小包を背負うとすぐに出発しました。途中で木の上からリスさんが声をかけました。『こんなに早くどこに行くの？』『幸せ村まで荷物を届けに行くんだ』『それなら、わたしも一緒に行く。その小包にはおいしい木の実がたくさん入っていると思うから』。2匹は幸せ村に向かって出発しました。しばらく行くと、雨が降ってきました。『大変、小包がぬれちゃう』。2匹は大きな木の陰で雨宿りをすることにしました。そこはキツネおばさんのお家の前でした。キツネおばさんは2匹を見ると、『あらあら大変。さあ、中に入って温かいスープを飲みなさい』と言ってお家の中に入れ、温かいスープをごちそうしてくれました。『ところであなたたち、どこへ行くの？』『幸せ村に小包を届けに行くんだよ』『そう。小包の中にはすてきな洋服でも入っているのかしら？　開けて見せて』『駄目駄目、これは幸せ村に着くまで開けられないんだ』『そうよね。それじゃあ、わたしが近道を案内するわ』『えっ、本当？　それは助かります』。雨もすっかり上がったようです。しばらく行くと、今度は薄暗い森に着きました。『あの小包は何だろう？　きっと甘いお菓子が入っているに違いない。あれは俺様がいただこう』。木の陰からピョンタたちをのぞいていたオオカミは、突然みんなの前へ出てきました。『ガオーッ！　その小包をよこせ！』キツネおばさんとリスさんはびっくりして、ブルブルと震えています。ピョンタは勇気を出して、『駄目だ！　これは幸せ村に届ける大切な小包なんだ。渡すものか』『うるさい、はやくよこせ！』オオカミが近づいてくると、ピョンタは少しずつ後ずさり。

ついに後ろは崖で、もう一歩も下がれません。『うわーっ！』2匹は崖から落ちてしまいました。『ピョンタくーん！』リスさんたちは大声で泣き出しました。そこへサル君たちがやって来ました。『どうしたの？』2匹は谷底を指さして言いました。『ピョンタ君たちが……』『よーし、僕たちに任せて！』サル君たちが谷底目がけて降りていくと、小包が途中の木の枝に引っかかってピョンタは中ぶらりん。それでも両手はしっかりとオオカミのしっぽをつかんでいます。『助けてくれー！』とオオカミが情けない声で言いました。サル君たちはみんなでつながって、はしごのようになってくれました。『ピョンタくーん、サルくーん、頑張って！』『よいしょ、よいしょ、もう少しだ』。2匹はサル君のはしごを登って無事に崖の上まで戻ることができました。『わーい、助かったよ。サル君たち、ありがとう』。ピョンタが言うと、オオカミが『ごめんね、本当に悪かったよ。もう小包をよこせなんて言わないから、おいらも一緒に連れてって』『いいよ、さあ、みんなで出発だ！』野を越え、山を越え、みんなは一生懸命に歩きました。でも、もうくたくたです。『もう駄目だ。これ以上、歩けない』『ここまで来たら、小包を開けてもいいんじゃない？』リスさんとオオカミが言いました。『駄目だよ。幸せ村に着くまで開けないお約束だよ』『そうね、みんな頑張りましょう』。キツネおばさんが言うと、みんなは元気が出てきました。そのときです。『あら、あそこに幸せ村の入口が見えるわ』『やったー！　とうとう着いたぞ』。みんなは大喜びです。『さあ、小包を開けてみよう』。ピョンタが言うと、みんながピョンタの周りに集まってきました。『せーのっ！』『あれーっ、何にも入ってないよ』『本当だ。こんなに遠くまで運んできたのに』。するとピョンタが『しーっ、静かに……。箱の中から何か音が聞こえるよ』と言いました。キツネおばさんも箱をのぞき込んで、『ほんと、聞こえるわ。それにとってもいいにおい……』。箱の中からは、『ようこそ　みなさん　しあわせむらへ　しあわせむらに　はるが　きた　あかるい　あかるい　はるが　きた　はるの　おつかい　ありがとう』と聞こえてきます。みんなの周りでお花が咲き始めました。チョウチョもひらひらと踊っています。小鳥たちもうれしそうに歌っています。幸せ村の動物たちも飛んできました。幸せ村に春がやって来たのです」

・お話の順番になるように、絵を線でつないでいきましょう。
・お話に出てきた動物に○をつけましょう。
・動物たちは、小包には何が入っていると思いましたか。合うものをそれぞれ選んで、点と点を線で結びましょう。
・幸せ村に運んだ小包の中には何が入っていましたか。お話に合う絵に○をつけましょう。

2　数　量

・ウサギとクマではどちらが多いですか。多い方の顔に○をつけましょう。
・観覧車に、並んでいる動物たちが乗っていきます。今乗っているウサギも入れて、全部のゴンドラが3匹ずつになるように乗っていくと、乗ることができない動物は何匹です

か。その数だけ、ブドウの横のマス目に1つずつ○をかきましょう。

・ジェットコースターの下に並んでいる動物たちは、車両の空いている席に前から順番に乗っていきます。新聞を読んでいるクマはどの車両に乗りますか。その車両を塗りましょう。

・お化け屋敷の中には、動物が5匹入っています。しばらくして2匹が出てきました。今、お化け屋敷の中には何匹入っていますか。その数だけイチゴの横のマス目に1つずつ○をかきましょう。

3 観察力・巧緻性

・上のお手本と同じように並んでいるところを探して、その周りを囲むように点線をなぞりましょう。

4 言　語

・名前のどこかに「ン」がつくものに○をつけましょう。

5 観察力

・星、雲、月の絵が3つとも重なっているところに×をかき、2つ重なっているところには○をかきましょう。

6 推理・思考

・右上の太陽のところです。4枚のカードのうち1枚だけを動かして、左のお手本と同じ並び方にします。動かすカードに○をつけましょう。

・右下の星のところです。4枚のカードのうち2枚を動かして、左のお手本と同じ並び方にします。動かすカードに○をつけましょう。

集団テスト

🖿 制　作

約4人ずつのグループに分かれて行う。机の中央に、たくさんの短冊状の折り紙（数色）、人数分のスティックのりが入ったカゴが用意されている。のりつけの下敷き用の台紙が1人に1枚ずつ用意されている。音楽が流れ、虹色の帽子をかぶったテスターが指示を出す。

・好きな色の折り紙を3枚選び、半分の長さになるように手でちぎりましょう。それを、階段状になるように貼り合わせてつないでいきましょう。同じ色が重ならないようにしてください。「やめ」と言われるまでやりましょう。

・終わったら机の中から箱を出し、作ったものとのりつけの下敷き用の台紙を入れて、机

の上に置きましょう。

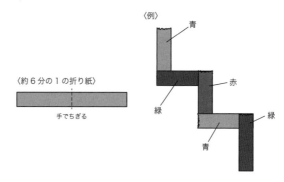

〈約6分の1の折り紙〉

手でちぎる

〈例〉
青
緑
赤
青
緑

🔖 ジャンケンゲーム

制作で使用した短冊状の折り紙を3枚持ってジャンケンゲームを行う。音楽に合わせて自由に歩き回り、テスターの合図があったらそばにいるお友達とタッチをしてジャンケンをする。勝ったら相手から折り紙を1枚もらう。これをくり返し、折り紙が手元になくなったらテスターにもらいに行って続ける。

🔖 自由遊び

的当て、ボウリング、ケン玉、おままごとセット、輪投げ、積み木、バスケットボール、ポンポンなどが置いてあり、好きなもので自由に遊ぶ。

🔖 課題遊び（トランプ）

約6人ずつのグループに分かれて行う。グループごとにトランプが1組用意される。みんなでババ抜きや神経衰弱などをして仲よく遊ぶ。

🔖 生活習慣

床の上に正座して、持参したお弁当を食べる。

運動テスト

グループに分かれ、それぞれの色の帽子をかぶる。

🔖 かけっこ

スタートラインから走り、2つ並んだコーンの周りを2周して戻る。

🔖 スキップ・クマ歩き

マットの上を行きはスキップで進み、帰りはクマ歩きで戻る。

🔖 ボール投げ

ボールを投げ、壁に貼られた白いテープよりも上に当てる。「やめ」と言われるまで続ける。

🔖 後ろ歩き

リボンのついた棒を持ち、リボンを揺らしながら後ろ歩きをする。

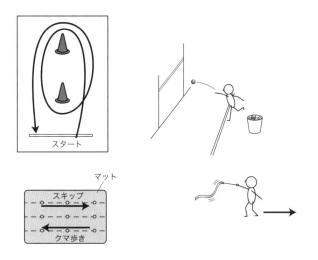

親 子 面 接　| 親子で入室し、質問の途中で親子ゲームを行う。

本 人

・お名前を教えてください。
・今、緊張していますか。
・幼稚園（保育園）では何をして遊びますか。何人くらいで遊びますか。
・大勢でする遊びでは何が好きですか。
・お家では何をして遊びますか。
・お父さん、お母さんとは何をして遊びますか。
・お父さんの好きなところ、お母さんの好きなところはどこですか。
・最近、楽しかったことは何ですか。
・最近、どんな絵を描きましたか。
・お姉さんとはどのように過ごしていますか。
・下のきょうだいのお世話はどんなことをしていますか。
・お母さんの作るお料理で好きなものは何ですか。
・どんなお母さんになりたいですか。

父　親

・お子さんとは何をして遊びますか。
・（母親が、子どもがトランプで遊ぶのが好きだと話した場合）トランプでは何をして遊びますか。
・お子さんが今好きなものは何だと思いますか。
・お子さんが興味のあることは何ですか。
・休日はお子さんとどのように過ごしていますか。
・運動会に向けてのお子さんの練習について教えてください。
・お子さんと一緒にしてうれしいことは何ですか。
・お子さんにしてもらってうれしかったことは何ですか。
・女の子を育ててきてうれしかったことは何ですか。
・お子さんの成長を感じたのはどのようなことですか。
・お父さまが子どものころにした遊びは何ですか。
・（面接資料にカトリックの中学校・高校出身であることを書いた場合）中学校、高校で学んだことで、お子さんに伝えたいことは何ですか。
・父親としてお子さんに伝えたいことは何ですか。
・お子さんにどのような人になってほしいですか。
・お仕事の内容について教えてください。
・お子さんが本校に通学するには遠いようですが、大丈夫ですか。
・東京都内にお住まいですが、合格したら転居のご予定はありますか。

母　親

・本校へお子さんと来たことがありますか。
・通学に時間がかかることについてどのように考えていますか。お子さんと一緒に学校へ来たことはありますか。
・通学経路について、バス利用や乗り換えはご心配ではないですか。
・転居のご予定はありますか。
・海外生活はどこで何年間過ごしましたか。
・お子さんの普段の過ごし方を教えてください。
・お子さんはお家ではどのような様子ですか。
・お子さんのきょうだいとのかかわり方は、いかがですか。
・お子さんはお手伝いに何をしますか。
・お子さんが一番頑張っていることは何ですか。
・お子さんが一番興味を持っていることは何ですか。
・お母さまが小さいころのご家庭での教えは何でしたか。

・仕事と家庭の両立についての考え方（気をつけていること）を教えてください。

・（母親が卒業生の場合）横浜雙葉で学んで子育てに生かしていることは何ですか。

🔖 親子ゲーム（カード当てゲーム）

こびとや積み木などの絵が９つのマスの中にそれぞれ色違いで描かれた台紙が、絵が見えるように置かれている。出題者は台紙のマス目に描かれた絵のいずれかと同じ６枚の絵カードを持ち、その中から１枚引いてどの絵が描かれているか口頭でヒントを出す。回答者は台紙の絵の中からヒントに合うものを選んで答える。出題者・回答者を親子で交替しながら行う。

面接資料／アンケート	出願時に、面接資料（Ａ３判。左17行、右８行）に記入し、提出する。以下のような項目がある。

・志望理由について。

・家族構成について。

1

1

2

3

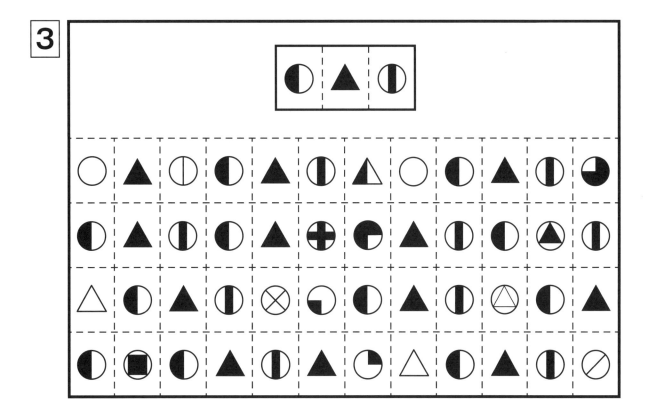

4

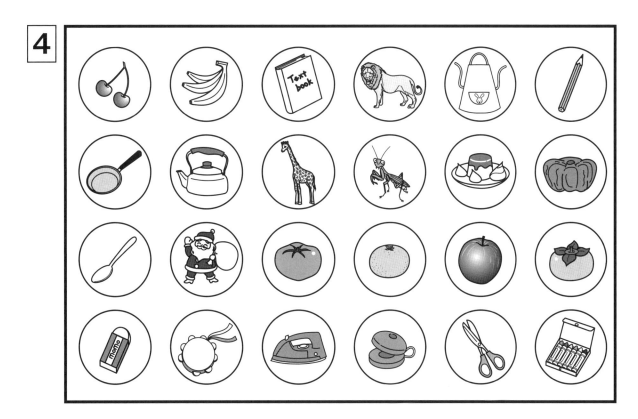

5

6

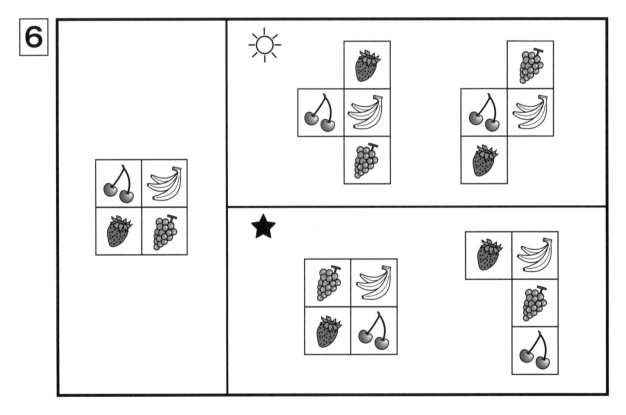

2019 横浜雙葉小学校入試問題

section

■ 選抜方法

願書受付日初日の午前9時以前に集合した人は抽選で、以降は受付順に受験番号が決まる。考査は1日で、約40人を1グループとしてペーパーテスト、集団テスト、運動テストを行う。所要時間は昼食を挟んで5時間30分〜6時間。考査日前の指定日時に親子面接がある。

┃ ペーパーテスト ┃ 筆記用具はクーピーペン（青、緑）を使用。特に色の指示がないときは青のクーピーペンを使用し、訂正方法は MM（ギザギザ線）。出題方法は口頭。

1 話の記憶

※「おひるねネコさん」（ふくざわゆみこ作・絵　佼成出版社刊）のお話を基に出題された。
「『ブルン！　ブルン！　ドッドッドッ！　ピーポーピーポー！　キーッ！』ネコのニャンタのアパートの前に、大きな道路ができました。『車の音がうるさくて、ちっとも眠れないよ』。お昼寝が大好きなニャンタは大弱りです。ニャンタはうるさい町から逃げ出して、静かな田舎へ引っ越しました。新しいお家は池のほとりの小さなお家です。『ここなら、ぐっすりお昼寝できるよ』。ニャンタは丸くなって、さっそくひと眠り。『これはすてきな寝心地だ』。ところが、たくさんのネズミたちが運動会を始めました。『初めまして、ニャンタさん。僕たちはこのお家の壁の裏にすんでいるネズミの家族です』と、ネズミたちはあいさつをしました。『毎週日曜日は、運動会の日なんです。ニャンタさんも一緒にいかがですか？』『せっかく田舎に来たのに、うるさいなぁ』。ニャンタは枕を抱えて、お家から出ていきました。『僕はお昼寝がしたいんだ』。池に浮かんでいるボートで寝ていると、『ゲロゲロ、ケロケロ、グゥグゥグゥ、ポッチャーン！』突然、周りに不気味な音が響いてきました。ニャンタがボートの中から辺りをこわごわ見てみると、池に浮かんだハスの葉の上でカエルたちが大合唱をしていました。『子守歌にしてはうるさすぎるよ』。ニャンタは枕を抱えて逃げ出すと、木陰で丸くなりました。『ここなら少しは眠れそうだ』。ところがここでも、『ピヨピヨ、ピヤピヤ、ピチチチチチチ、バサバサバサッ』頭の上からにぎやかな音がします。ニャンタが見上げてみると、木の上で小鳥の赤ちゃんが大騒ぎ。『まるで目覚まし時計だね』。ニャンタは逃げ出してお家に帰ると、枕をかぶって部屋の隅で丸くなりました。『寝心地は最悪だけど、耳をふさいだら静かになったよ』。ニャンタはようやく、うとうと眠り始めました。ところが、しばらくすると『ツンツンツン』と誰かがニャンタのヒゲや耳を引っ張りました。『もう我慢できない！　僕のお昼寝の邪魔をするのは、誰だー！』するとそこにいたのは、ネズミとカエル、小鳥たちでした。『フギャオーッ！！！』ニャンタの大きな声に、みんなはびっくりして逃げ出しました。みんながい

なくなった部屋を見て、ニャンタは目を丸くしました。そこにはなんと、おいしそうなケーキやごちそうが並んでいたのです。『みんなで僕の歓迎パーティーをしてくれるつもりだったのか』。誰もいなくなったお家はシーンと静かで、物音一つしません。『悪いことしちゃったなぁ』。ニャンタは、今度はみんなのことが気になって眠れなくなってしまいました。夜になっても、みんなは帰ってきません。ニャンタはたまらなくなって、お家の屋根に登ると大きな声で鳴き出しました。『ネズミさーん！ カエルさーん！ 小鳥さーん！ 帰っておいでよー！ ニャオオオォーン！』すると、お家の周りのあちこちからみんなが眠い目をこすりながら出てきました。『ニャンタさんって、昼間は寝てばっかりいるのに、夜はうるさいんだね』。ニャンタは『ごめんね』とみんなに言いました。次の日、ニャンタはお昼寝にピッタリの場所を見つけました。それは、お家の屋根の上でした。『チューチュー、トタタタ、ケロケロ、ポッチャン、ピヨピヨ、パタパタパタ』。耳に聞こえてくるみんなの音は、すてきな子守歌のようでした」

・上の絵です。お話の順番になるように、点と点を線でつないでいきましょう。
・下の段です。ニャンタは何を見て目を丸くしましたか。その絵に○をつけましょう。

2 数量・常識（道徳）

・オートバイの数だけ、リンゴの横のマス目に1つずつ○をかきましょう。
・つえをついている動物と帽子をかぶっている動物の数はいくつ違いますか。その数だけチューリップの横のマス目に1つずつ○をかきましょう。
・いけないことをしている動物に○をつけましょう。

3 言語（しりとり）

・左上の二重丸から始めて、描いてあるものの名前の2番目の音をつないでしりとりをします。できるだけ長くなるように線でつなぎましょう。

4 構成

・左の形の白いところに、すぐ右の丸に入っている形を入れます。右の形はそれぞれ何枚入りますか。その数だけ横のマス目に1つずつ○をかきましょう。

5 模写

・上のお手本と同じになるように、足りないところをかき足しましょう。全部やりましょう。

6 話の理解

・日本の旗と同じ色だけでできている旗に○をつけましょう。
・星が上にあって月が下にある旗に×をつけましょう。

・縦に3つに分かれていて赤と緑に白が挟まれている旗に△をつけましょう。

集団テスト

ドミノ倒しゲーム

グループに分かれて行う。6色のサイコロを振り、出た面の色のドミノを並べてから倒す。サイコロを誰が振るか、ドミノを誰が倒すかはグループ内で相談して決める。

自由遊び

的当て、ボウリング、ケン玉、おままごとセット、輪投げ、積み木、バスケットボール、ポンポンなどが置いてあり、好きなもので自由に遊ぶ。

生活習慣

床の上に正座して、持参したお弁当を食べる。

7 制作

絵が描かれた台紙、金色のモール1本、2ヵ所に穴が空いていて真ん中にマス目がかかれた色画用紙4枚（4色）、スティックのり、はさみ、のりつけの下敷用の台紙が用意されている。自分の机のついたてには果物の印が貼ってあり、果物ごとに4枚の色画用紙を重ねる順番が異なる。指示は前の黒板に貼られている。

・台紙に描かれた絵を切り取り、お話の順番になるように並べ替えましょう。穴が左側になるように色画用紙を置いてマス目の上から順に絵を貼りましょう。
・4枚の色画用紙を重ねて本にします。自分の机の前に貼ってある果物ごとに、重ねる順番のお約束が違います。前の黒板に、重ねる画用紙の色の順番が左からかいてありますので、その順番に上から重ねましょう。
・色画用紙を重ねたら、穴にモールを通してねじって留めましょう。
・使い終わったのり用の台紙は、のりのついた方を中にして折りたたんでください。

運動テスト

グループに分かれ、それぞれの色の帽子をかぶる。

かけっこ

コーンが2つ並んでいる。スタートから指示された通りに走りながらコーンを回り、スタート地点に戻る。

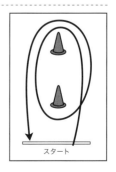

🔷 連続運動

- 四角いお手玉を持ち、首を回しながら歩く。
- お手玉を頭に載せて5秒間片足バランスをしたら、お手玉を床に置く。
- 床の上の2本の線を踏まないように、両足をそろえて線の外側をジグザグにジャンプしながら進む。
- 2枚の円形のマット（A・B）を2本の線の外側に交互に置き、それを跳び石のようにして両足ジャンプで跳び移りながら進む。AからBに跳び移ったら、Bに乗ったままAのマットを次に進む場所に置き、その上に跳び移る。これをくり返して進んでいく。

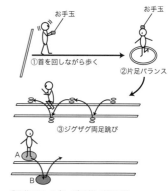

①首を回しながら歩く ②片足バランス

③ジグザグ両足跳び

同じラインを使い、帰りはマットを置き替えながら進む

④2枚のマット（A・B）を使い交互に置きながらジグザグに進んでいく。A→Bに進んだら、Bに乗ったままAのマットを次に進む所に置き、Bから両足跳びで移る。これを繰り返す

親子面接

親子で入室し、質問の途中で親子ゲームを行う。

🔷 親子ゲーム（カードゲーム）

絵が見えるように置かれた6枚の絵カード（厚い本、泣いている女の子、冬の様子、散らばっている積み木、バスから降りている子ども、いすに座っている子どもが描かれている）、伏せられた6枚の絵カードがある。最初にテスターと子どもでゲームを行い、その際選んだカードの絵を基に、テスターからいくつか質問がある。その後、親子で同じように行う。

- 伏せてある絵カードを1枚めくりますから、その絵カードと反対の意味の絵カードを探してください。そしてなぜ反対かを教えてください。

  〈例〉

  （暑い、寒いの絵カードのとき）「冬」と言って思いつくものは何ですか。

  （雪ダルマと答えた後で）それを作ったことはありますか。

  （笑顔、泣き顔の絵カードのとき）どのようなときにその顔になりますか。

- では、今度はご家族で同じように遊んでください。そして、お父さまからそのカードについてお子さんに質問してください。

本人

- お名前と通っている幼稚園（保育園）の名前を教えてください。
- 幼稚園（保育園）はお弁当ですか、給食ですか。
- 幼稚園（保育園）では何をして遊びますか（答えによりさらに発展して質問がある）。
- お母さんが作ってくれる料理で好きなものは何ですか。それはお弁当に入っていますか。
- 好きな食べ物は何ですか。

・嫌いな食べ物はありますか。
・お父さんの好きなところ、お母さんの好きなところはどこですか。
・一番得意なお手伝いは何ですか（答えによりさらに発展して質問がある）。
・きょうだいと何をして遊びますか（答えによりさらに発展して質問がある）。
・運動会は、これからありますか。どんなことをしますか。
・一番大事にしているものは何ですか。

父　親

・本校のどこを一番気に入られましたか。
・お子さんのよいところ（素晴らしいところ）はどこですか。
・お子さんに、どのような人になってほしいですか。
・お休みの日にはお子さんとどのようなことをして過ごしていますか。
・父親としてお子さんに伝えたいメッセージなどを教えてください。
・きょうだいと異なる学校ですが、よいのでしょうか。
・通学するには遠いようですが、大丈夫ですか。

母　親

・最近、お子さんが興味を持って取り組んでいることは何ですか。
・今、お子さんが頑張っていることを教えてください。
・お子さんの長所を教えてください。
・お子さんが一番大事にしているものは何ですか。
・お子さんはきょうだいとどのようにかかわっていますか。
・お子さんを育てるにあたって大切にしていることは何ですか。
・社会的なルールについて、お子さんにどのように教えていますか。
・ご家族では普段どのように過ごされていますか。
・お仕事とご家庭の両立で気をつけていることは何ですか。
・（母親が卒業生の場合）横浜雙葉で学んだことと、その中でお子さんに伝えたいと思っていることは何ですか。
・学生時代に学んだことは、どのように子育てに生かされていますか。

面接資料／アンケート

出願時に、面接資料（Ａ３判。左17行、右８行）に記入し、提出する。以下のような項目がある。

・志望理由について。
・家族構成について。

2

3

4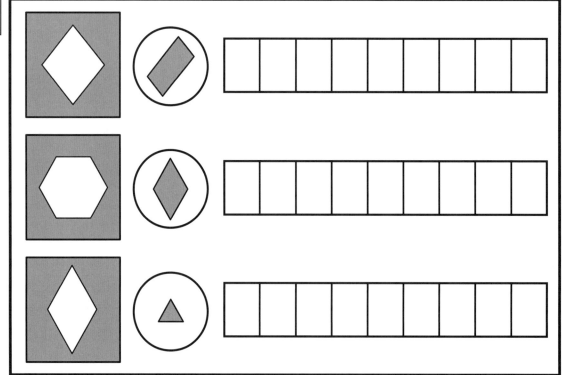

5

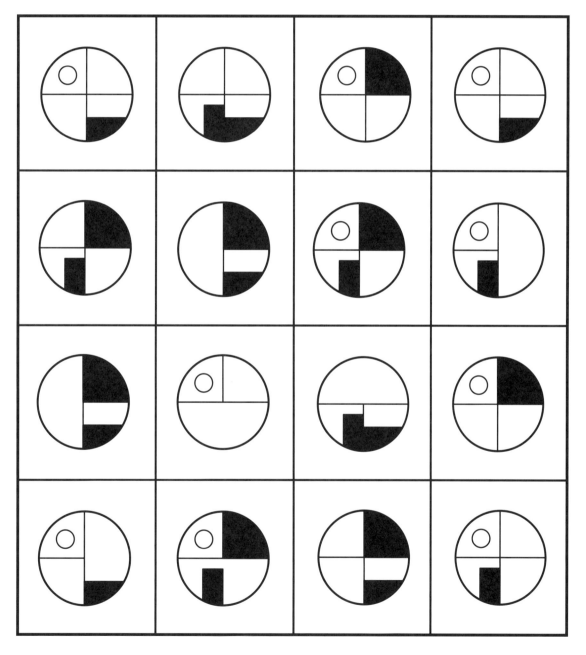

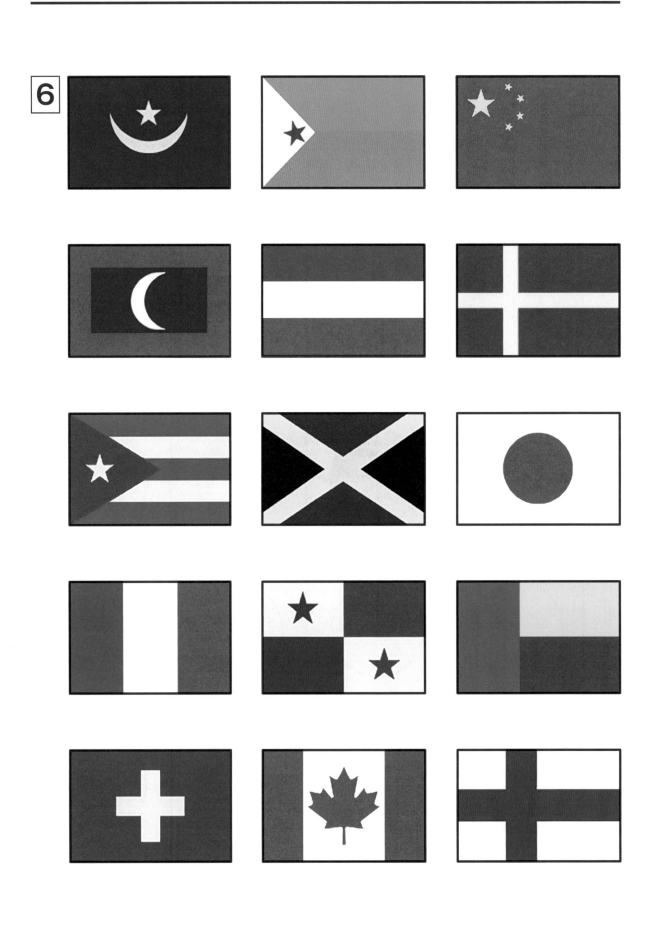

7

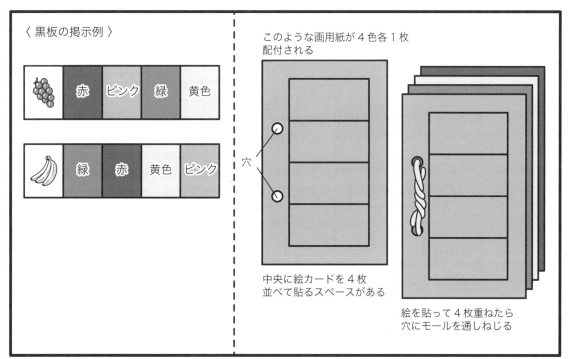

〈 黒板の掲示例 〉

	赤	ピンク	緑	黄色

	緑	赤	黄色	ピンク

このような画用紙が4色各1枚
配付される

穴

中央に絵カードを4枚
並べて貼るスペースがある

絵を貼って4枚重ねたら
穴にモールを通しねじる

2018 横浜雙葉小学校入試問題

■ 選抜方法

願書受付日初日の午前9時以前に集合した人は抽選で、以降は受付順に受験番号が決まる。考査は1日で、約40人を1グループとしてペーパーテスト、集団テスト、運動テストを行う。所要時間は昼食を挟んで5時間30分～6時間。考査日前の指定日時に親子面接がある。

┃ ペーパーテスト ┃

筆記用具はクーピーペン（青、緑）を使用。特に色の指示がないときは青のクーピーペンを使用し、訂正方法は M（ギザギザ線）。出題方法は口頭。

1 話の記憶

「山にすんでいるタヌキのポンタは昨日、ふもとの村でとても不思議なものを見ました。『自動販売機』です。人間の男の子がお金を入れると、お金がいろいろなものに変わって出てきて、ポンタはすっかり気に入ってしまいました。だって、ポンタも葉っぱをいろいろなものに変えるのが得意だからです。そこで森へ帰って、自分で『自動販売機』を作ることにしました。ポンタは箱で自動販売機を作ると、みんなが通る森の広場へ置きました。そして自動販売機の真ん中に、【うえのくちから葉っぱをいれて　ほしいものをいってください】という貼り紙をしました。『よし、これでいいや。早く誰か来ないかな』。ポンタが自動販売機の後ろに隠れて待っていると、来ました来ました、いばりんぼうのライオン君が、胸を張ってやって来ました。『何？　自動販売機だって？』と、ライオン君は立ち止まって貼り紙を読みました。『面白そうだ、やってみよう。えーと、ここから葉っぱを入れて欲しいものを言うんだな』。そして大きな声で、『ライオンは、動物の王様だ。王様の冠が欲しいぞ！』と言いました。すると、『ぽぽんのぽぽんですぽぽのぽん！』と、冠が出てきました。『うわあ、出てきた、出てきた』とライオン君は大喜び。冠をかぶると、得意そうに歩いていきました。『うふふ、うまくいったぞ』とポンタはにんまり。しばらくすると、次は双子のキツネの女の子たちがやって来ました。『まあ、何でも欲しいものを出してくれるのね』と、うれしそうに顔を見合わせてから、小さな葉っぱを何枚も入れました。『わたしたちに、おそろいの首飾りをちょうだいな』『今度は首飾りか、簡単、簡単。ぽぽんのぽぽんですぽぽのぽん！　首飾りになれ、えい！』ポンタは得意げに、葉っぱをおそろいの首飾りに変えました。『まあ、きれい！　おそろいのこんなきれいな首飾り、誰も持っていないわ』と、キツネさんたちは首飾りをしてうれしそうに歩いていきました。今度は、向こうからサル君の泣き声が聞こえてきました。『あーん。歯が痛いよ』。サル君は自動販売機を見つけると、すぐに葉っぱを入れて言いました。『僕、お薬が欲しい。歯が痛いのが治るお薬が欲しい』。さて、困ったのはポンタです。お薬なんて作ったこと

がありません。そのとき、ポンタは自分の歯が痛かったときのことを思い出しました。『そうだ、お薬の代わりになる葉っぱを痛いところへ貼ったんだ』。ポンタは『しばらく、お待ちください』という札を出すと、急いで葉っぱを採りに行きました。そして大急ぎで戻ってくると、『お待たせしました。この葉っぱを痛いところへ貼ること』と書いた紙と一緒に出しました。そして、サル君が葉っぱを持って歩いていくのを『サル君の痛い歯が早く治りますように……』とそっと見送りました。しばらくすると、また誰かがやって来ました。リボンをつけたかわいいタヌキの女の子です。『あれ、知らない子だ。どこから来たのかな』。タヌキの女の子は、一生懸命貼り紙を読んでいましたが、やがてそっと葉っぱを1枚入れました。『わたし、お友達がいないの。お友達をください』『ええっ！ お友達だって！ そんなの作れっこないよ』と、ポンタはすっかり困ってしまいました。でも、タヌキの女の子は真剣な顔でじっと待っています。『どうしよう、できませんなんて言えないし……困ったなあ』。そのとき突然、ポンタはよいことを思いつきました。そして少し恥ずかしかったけど、自動販売機の前に飛び出しました。『こんにちは。僕、ポンタ』『まあ！ わたしはポンコ』と、タヌキの女の子はニッコリ。『お友達ができてうれしいわ』『僕も……』。ポンタとポンコは仲よく森の奥へ走っていきました。次の日、自動販売機の貼り紙が【壊れました　もう、何も出ません】と書かれたものに変わっていました。その後、使われなくなった自動販売機にはツタが絡まり、誰も行かなくなりました」

・今のお話に出てきたもの全部に○をつけましょう。
・今のお話の中の自動販売機の様子で、正しいと思う絵に○をつけましょう。
・ポンコが自動販売機の前に来て欲しいものを言ったとき、ポンタはどのような顔をしていたと思いますか。合う絵に○をつけましょう。
・お話の順番でつながるように、点と点を結ぶように線を引きましょう。

② 言　語

・「かがみ」は最初の音が「カ」、終わりの音が「ミ」で、つなげると「かみ」になり、別のものの名前になりますね。では、四角の中のもののうち、同じように最初の音と最後の音をつなげると別のものの名前になるものに○をつけましょう。

③ 常識（道徳）・数量

・デパートの1階から3階までの絵の中で、いけないことをしている動物に緑で×をつけましょう。
・絵の中で、1階にいるサルと3階にいるサルではどちらが多いですか。多い方の階の時計に○をつけましょう。
・1階にいるサル2匹が2階に行き、2階のサル3匹が3階に行くと、2階のサルは何匹になりますか。その数だけチューリップの横に○をかきましょう。

- 1階にいる動物たちでベンチに座ります。1つのベンチに3匹ずつ座ると、あと何匹座れますか。その数だけ鉛筆の横に○をかきましょう。
- 絵の中にウサギは全部で何匹いますか。その数だけ消しゴムの横に○をかきましょう。

4 推理・思考（左右弁別）

- 真ん中にいるクマと同じように旗を持っているクマに○をつけましょう。

5 観察力（欠所補完）

- 真ん中の絵の空いているところにちょうど入る形を、周りから選んで○をつけましょう。形はそのままの向きで入れるお約束です。

6 推理・思考（回転図形）

- それぞれのマス目がコトンと1回倒れると、マス目の中の丸はどのようになりますか。マス目の上についているダイヤの向きをよく見て、矢印の右側のマス目に○をかきましょう。

7 推理・思考（重ね図形）

- 左端のマス目がお手本です。お手本の黒いところを2つ組み合わせてできる形を、それぞれ右から1つ選んで×をつけましょう。黒い2つの形のどこかを必ず重ねること、黒い形がマス目からはみ出さないように重ねることがお約束です。黒い形は回してもよいですよ。

集団テスト

集団ゲーム（タワー作り）

5、6人ずつのチームに分かれ、2チーム対抗で行う。チームごとに紙皿と紙コップがたくさん用意されている。チームのお友達と協力して、テスターが「おしまい」と言うまで紙コップと紙皿を積んでタワーを作る。作戦を立てる時間があり、タワーがより高いチームの勝ち。一度に積めるのは1人1個ずつというお約束がある。勝ったチーム同士と負けたチーム同士で2回戦を行う。

自由遊び

的当て、ボウリング、ケン玉、おままごとセット、輪投げ、パズル、バスケットボール、ドミノなどが置いてあり、好きなもので自由に遊ぶ。

8 制作・指示の理解

机の上に、植木鉢のお手本、花の台紙（花の一部、小さい星と矢印、そして右上にオレンジ色の雲、緑の太陽、赤の星、青の月の4種類の印のうちいずれかがかいてある）、クーピーペン（緑、赤、オレンジ色、青が各1本）、スティックのり、のりつけの下敷き用の台紙が用意されている。ホワイトボードに、細長く切った4色の色紙が貼ってあり（上から緑、赤、オレンジ色、青）、同じものがたくさんと折り紙が後ろの机に用意されている。

・台紙の右上にある印と同じ色のクーピーペンで、お花の中の大きい方の丸を塗りましょう。

・色紙を後ろの机から持ってきて、涙の形にして台紙のお花の周りの小さい四角の上に貼りましょう。小さい星の印のところから、ホワイトボードに貼ってある色紙の順番に、矢印の方向に貼っていってください（テスターがお手本を見せる）。一度に持ってこられる色紙は5枚までです。

・折り紙を後ろの机から持ってきて、机の上のお手本のようにお花の下の植木鉢を作りましょう（植木鉢のお手本は使われている色紙の色がそれぞれ異なる）。

・「やめ」と言われたら机の中からクリアフォルダを出して、その中に、のりつけの下敷き用の台紙のきれいな方が外側になるように折って入れましょう。余った色紙もその中に入れてください。

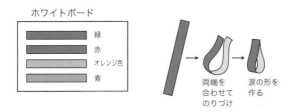

生活習慣

床の上に正座して持参したお弁当を食べる。

運動テスト

グループに分かれ、それぞれの色の帽子をかぶる。

かけっこ

赤、青、黄色のコーンが並んでいる。スタートから指示された通りに走りながらコーンを回り、スタート地点に戻る。

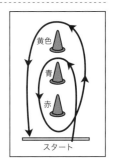

🏊 連続運動

- 四角の中で片足バランスをしながら５つまで数える→床に敷かれたマット（ピンクと青の両面になっている）の上をピンク・青・ピンク・青の順で、両足跳びで進み、１回跳ぶごとに着地したマットを裏返す→向こう側の四角に着いたら、今度はマットの上をピンク・青の順にケンケンで進み元の位置に戻る。このときマットは裏返さなくてよい。
- ３つの鉄棒の下をワニのように腹ばいになってくぐる→ゴム段を左右に両足跳びで越えながら進む→ゴールしたら指示された場所で待つ。
- カゴから玉を１つ取り、スタート地点で３回投げ上げる→フープまで歩く→玉を持ったままもう１つのフープまで幅跳びをする→ゴールまで曲に合わせて玉を投げ上げながら歩く→カゴに玉を戻す。

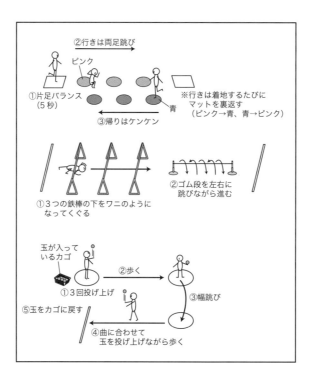

親子面接

親子で入室し、質問の途中で親子ゲームを行う。

- -

本　人

- お名前と通っている幼稚園（保育園）の名前を教えてください。
- お友達は何人いますか。
- 幼稚園（保育園）はお弁当ですか、給食ですか。

・幼稚園（保育園）では何をして遊びますか。何人くらいで遊びますか。

・お母さんが作る夕ごはんで好きなものは何ですか。

・お母さんがお家でしていることを見て、やってみたいお手伝いはありますか。

・お母さんに教えてもらっていることはありますか。

・お父さんと一緒に何をしますか。

・お父さんの好きなところ、お母さんの好きなところはどこですか。

・家族とすることで好きなことは何ですか。（UNOと答えると）勝つとどんな気持ちですか。

・幼稚園（保育園）の運動会はこれからありますか。

・できてうれしかったことは何ですか。次に頑張りたいことは何ですか。

・習い事をたくさんしていますが、何が一番好きですか。

・お休みの日にどこかへ行きましたか。次のお休みにはどこへ行きたいですか。どうしてですか。

父 親

・本校を志望されたのはなぜですか。

・何度か説明会にお越しいただいているようですが、この学校についてどのようにお考えですか。

・本校で一番気に入られたところはどこですか。

・お休みの日にはお子さんとどのようなことをして過ごしていますか。

・お仕事をされていて、お子さんに伝えたいことは何ですか。

・ご出身はこの辺りですか。

母 親

・お家では、どのようなお子さんですか。

・最近お子さんが熱中していることは何ですか。

・(妹がいる場合) お子さんはどのようなお姉さんですか。

・一人っ子ですが、子育てで注意していることはどのようなことですか。

・教会へ通われているということですが、どのような印象をお持ちですか。

・ご家庭で気をつけていること、大切にしていることはありますか。

・この学校のイベントに参加されたことはありますか。

・お子さんにどのように育ってほしいですか。

・お子さんの長所を1つ教えてください。

・お子さんの直してほしい所を教えてください。

・お仕事についてお聞かせください。

・お仕事とご家庭の両立の中で、特に気をつけていることは何ですか。

親子ゲーム（立体パズル）

子どもに、それぞれ絵が違う4つのサイコロが渡される。4つのサイコロの1面ずつを組み合わせて、1枚の絵にする。両親には完成された状態の絵が渡され、子どもに絵を見せないようにしながらヒントを出していく。サイコロの絵を完成させた後に質問がある。

- （ペンキを塗っている絵）どのような絵ですか。このようなことをしたことがありますか。
- （かまどでパンを焼いている絵）どのような絵ですか。どんなパンが好きですか。
- （スーパーマーケットで買い物をしている絵）どのような絵ですか。スーパーマーケットで買い物をしたことがありますか。
- （動物園に遊びに行っている絵）どのような絵ですか。動物園に行ったことがありますか。何の動物が一番思い出に残っていますか。その動物のどんなところが思い出に残っていますか。
- （農作業の絵）どのような絵ですか。こういうことをしたことがありますか。
- （海で遊んでいる絵）どのような絵ですか。こういうことをしたことがありますか。海に入りましたか。海には何がありましたか。どんなお魚がいましたか。

面接資料／アンケート 出願時に、面接資料（A3判。左17行、右8行）に記入し、提出する。以下のような項目がある。

- 志望理由について。
- 家族構成について。

1

2

3

4

5

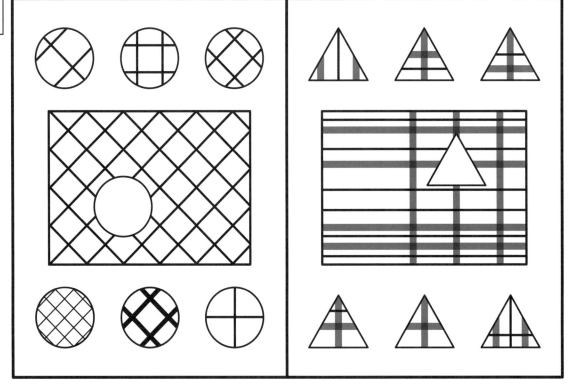

6

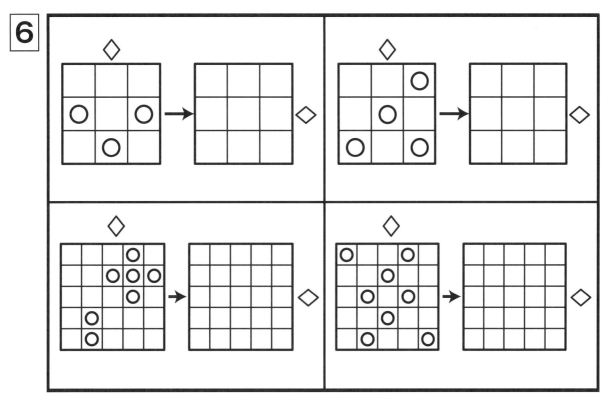

7

8 〈花の台紙〉

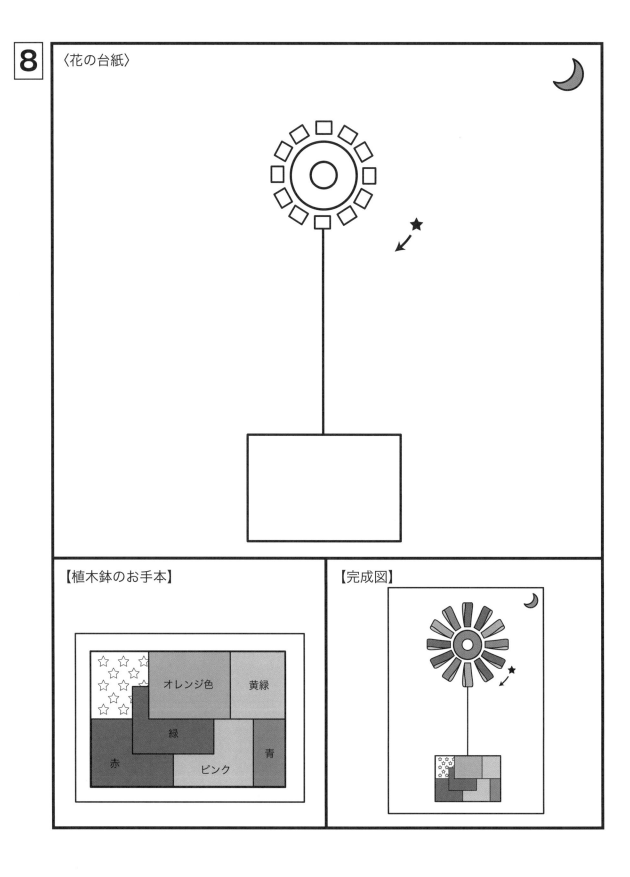

【植木鉢のお手本】

オレンジ色　黄緑

緑

赤　ピンク　青

【完成図】

section 2017 横浜雙葉小学校入試問題

■ 選抜方法

願書受付日初日の午前9時以前に集合した人は抽選で、以降は受付順に受験番号が決まる。考査は1日で、約40人を1グループとしてペーパーテスト、集団テスト、運動テストを行う。所要時間は昼食を挟んで5時間30分〜6時間。考査日前の指定日時に親子面接がある。

┃ ペーパーテスト ┃ 筆記用具はクーピーペン（青）を使用し、訂正方法は 〰〰 （ギザギザ線）。出題方法は口頭。

1 話の記憶

「ここは、クマ先生の動物病院です。毎日いろいろな動物たちがやって来ます。トントントン。朝早くドアをたたく音がします。『おや、誰かな』とクマ先生が病院のドアを開けると、ニワトリさんが入ってきました。『先生、ちょっと診てもらえませんか』『どうしましたか？』『声が出ないんです。毎朝森の動物たちを起こすのがわたしの仕事なので、とても困っています』『おやおや、のどが荒れていますね。ニワトリさん、大きい声を出したでしょう？』『実は、昨日、カラスさんとどっちが大声で鳴けるか競争して……』『なるほど。それで声が出ないんですね』。クマ先生は、森の薬草で作ったうがい薬を持ってきました。ニワトリさんがうがいをすると、『コケコッコー』。とてもきれいな声になりました。これで、みんなを起こせます。ニワトリさんは歌いながら帰っていきました。『お大事に』。クマ先生はニッコリ笑って言いました。『あのー、わたしも診てもらえますか』と、今度はライオンさんが入ってきました。『どうしましたか？』『朝からおなかが痛くて、熱も出ているんです』『おやおや、すごい熱ですね。ライオンさん、寒い格好で寝たでしょう？』『そういえば、夕べ獲物を待ち伏せしたまま、朝までおなかを出して寝てしまいました』『なるほど、それで熱が出たんですね。では、注射をいたしましょう』『注射、怖い』。ライオンさんは注射が苦手です。『だいじょうぶ、痛くないですよ』とクマ先生が言って、注射はあっという間に終わりました。『あれ、もう終わり？ 本当に痛くない』『熱はすぐに下がりますよ』『あのー、わたしが注射が苦手なこと、みんなに内緒にしてください』。ライオンさんは恥ずかしそうに帰っていきました。『お大事に』。クマ先生はニッコリ笑って言いました。今度は、ワニさんが入ってきました。『どうかしましたか？』『アガガ……』『あごが外れていますね。ワニさん、大きなあくびをしたでしょう？』『アガガ……』。ワニさんはお話しできません。クマ先生はワニさんのあごをはめようとしました。よいしょ、こらしょ。でもなかなかはまりません。『うーん。困ったな。そうだ、こうしよう』。クマ先生は細長いひもを持ってきて、ワニさんの鼻の穴をくすぐりました。すると、

『ハックション！』カッポーン。ワニさんがくしゃみをした拍子に、あごがはまりました。『実は、カバさんのまねをして大きなあくびをしたら、あごが外れてしまったんです』。ワニさんはスキップをしながら、帰っていきました。『お大事に』。クマ先生はニッコリ笑って言いました。それからも次々と動物たちがやって来て、クマ先生は大忙しです。今度は、ウサギさんが入ってきました。『どうしましたか？』『なんだかこのごろ、元気が出ないんです』。ウサギさんは悲しそうな声で言いました。クマ先生は、聴診器を当てて調べました。『特に悪いところはありませんね。ウサギさん、何か話したいことがあるんじゃないですか？』『実は、一番仲よしのお友達が遠くへ引っ越してしまって寂しくて……』『なるほど、それで元気が出ないんですね』。ウサギさんはお友達との思い出を話し始めました。クマ先生は長い間、ウサギさんのお話を優しく聞いてあげました。そのとき……。バタン！クマ先生が突然倒れてしまいました。『たいへん。先生が！』ウサギさんの声を聞いて動物たちがやって来ました。『先生、どうしましたか？』『急に目の前が真っ暗になってしまって……』。タヌキさんが聴診器を当ててみました。『グー』『おやおや、すごい音がしますね。先生、今日、ごはんを食べていないでしょう』『そういえば、朝から忙しくて、何も食べていないです』『なるほど、それで倒れちゃったんですね』。動物たちは、森で採れた野菜や果物を病院へ運びました。ウサギさんが『みんなで料理を作って、先生に食べてもらいましょう』と言うと、動物たちは『そうしよう』と賛成して、栄養満点のシチューとピザを作りました。『いただきます』。クマ先生はシチューを食べると、すっかりニコニコ笑顔になりました。森の動物たちはいつも優しいクマ先生へのお見舞いに、クリとサツマイモとミカンを入れた丸いカゴと、クマ先生の顔を描いたお手紙をかわいいお花の模様の封筒に入れて、一緒に手渡しました」

・お話の順番になるように絵を線でつなぎましょう。
・具合の悪かった動物は、クマ先生にどのようなことをしてもらいましたか。お話と合うものを選んで点と点を線で結びましょう。
・森の動物たちがクマ先生に手渡したお見舞いに〇をつけましょう。

2 観察力

・「何を描いているの？」と聞いている子に〇をつけましょう。
・「返して」と言っている子に×をつけましょう。
・「危ないよ」と言っている子に◎をつけましょう。

3 数量・常識（道徳）

・イチゴのところです。上の絵の中のウサギとクマではどちらが多いでしょうか。多い方の動物に〇をつけましょう。
・ブドウのところです。丸い机の周りのいすに座っているウサギが1匹帰り、クマが4匹

やって来て座りました。2つの丸い机の周りのいすには、あと何匹座れますか。その数だけブドウの印の横に〇をかきましょう。

・リンゴのところです。今、いすに座っているウサギの数だけ〇をかきましょう。

・ニンジンのところです。しましまの服を着たクマは5冊本を借りることができます。クマはあと何冊本を借りることができますか。その数だけ〇をかきましょう。

・図書館でいけないことをしている動物に×をつけましょう。

4 言 語

・上の四角の中の3つのものの最初の音を結んでできるものを下から探して、それぞれ点と点を線で結びましょう。

5 推理・思考（折り図形）

・左のように折り紙を折って開くと、どのように折り線がついていますか。右から選んで〇をつけましょう。下の段まで全部やってください。

6 推理・思考（回転図形）

・左の形を右の4つのように回すと、黒丸はどこになりますか。その場所をそれぞれ塗りましょう。下の段まで全部やってください。

集団テスト

7 お話作り

4、5人のグループで行う。途中に丸が4つある道やお家や川などが描かれた台紙、お化けや恐竜などが描かれた絵カードの入ったビニール袋、クーピーペン（緑）がグループごとに用意されている。

・台紙に描かれた絵や絵カードを使って、お話作りをしましょう。まず、道の途中の何もかかれていない丸の中に、グループで相談して好きな絵を描いてください。描き終わったら、袋の中のお化けや恐竜、魔女などの絵カードの中から好きな絵カードを3枚選んで好きなところに置き、グループで相談してその3つが出てくるお話を作りましょう。作ったら、どのようなお話か発表してください。

自由遊び

的当て、ボウリング、ケン玉、おままごとセット、輪投げ、パズル、バスケットボールなどが置いてあり、好きなもので自由に遊ぶ。

🔖 制作（輪つなぎ）・指示の理解

　各自の机の上に作業用の台紙、その左右にそれぞれイチゴの印のあるカードとバナナの印のあるカード、スティックのりが入った紙コップが置いてある。イチゴのカードとバナナのカードには、下の図のような順番で5色の小さな折り紙の短冊が貼ってあり、バナナのカードのみ3色（グループによって色は異なる）の短冊の横に星の印がついている。作業は立ったまま行う。

・イチゴの印のカードに貼ってある色の短冊を後ろから取ってきましょう。ただし、1つの色は5枚までにしてください。取ってきたら、「やめ」と言われるまでカードに貼ってある短冊の色の順番に輪つなぎをしましょう。のりは机が汚れないように作業用の台紙の上で使ってください。余った短冊は、机の下にあるカゴに入れましょう。

・バナナの印のカードに貼ってある色の短冊も同じように輪つなぎをしましょう。ただし、星の印がついている色の短冊だけを5枚ずつ取ってきます。「やめ」と言われたら輪つなぎはやめ、余った短冊は、机の中にあるクリアフォルダに入れましょう。台紙はのりがついている方を中にして半分に折り、それもクリアフォルダに入れてください。

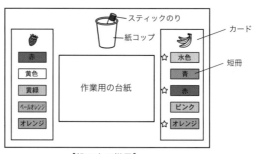

【机の上の様子】

🔖 生活習慣

　お友達と一緒に床に正座して、持参したお弁当を食べる。

▌ 運動テスト ▌ グループに分かれ、それぞれの色の帽子をかぶる。

🔖 かけっこ

　赤、青、黄色のコーンが並んでいる。スタートラインから指示された通りに走ってコーンを回り、スタートラインに戻る。

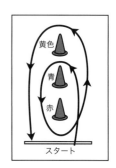

🔲 クマ歩き・スキップ

クマ歩きで床の上のフープまで行き、帰りはスキップで戻ってくる。

🔲 腕回し歩き

両腕を前に回しながら床の上のフープまで歩いていき、帰りは後ろに両手を回しながら後ろ歩きで戻ってくる。

🔲 ジグザグ・片足跳び

床の上にジグザグに置かれたフープの中を、片足ずつで左右交互に跳んで進む。

🔲 行　進

音楽に合わせて歩く。

🔲 玉の投げ上げ

玉入れの玉をカゴから取る。投げ上げて捕る動きをくり返しながら、マットの上を歩く。

親 子 面 接

🔲 親子ゲーム（連想ゲーム）

横に3つ並んだ枠が用意されている。12枚ほどの絵カードから親が2枚を選び、左右の枠に1枚ずつ置く。子どもは1枚を選んで真ん中の枠に置き、なぜそのカードを選んだかをお話しする。話した内容に沿ってテスターから発展して質問がある。
・幼稚園（保育園）に行くときはどんな髪型をしていますか。
・自分でブラシを使いますか。
・髪は誰が切ってくれますか。

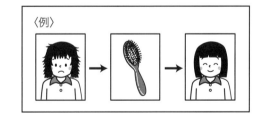

〈例〉

本　人

・お名前と通っている幼稚園（保育園）の名前を教えてください。
・幼稚園（保育園）には誰と行きますか。
・幼稚園（保育園）に着いたら初めに何をしますか。
・幼稚園では、お友達とどんな遊びをしていますか。

・運動会ではどのようなことをしていますか。

・お家では何をして遊びますか。

・お家ではどのようなお手伝いをしていますか。

・お母さん（お父さん）の好きなところを教えてください。

・お母さんの作るお料理は何がおいしいですか。

・電気がつけっぱなしになっていたら消しますか。

・朝は何時に起きますか。

・秋の果物で好きなものを教えてください。

・お父さんとお休みの日に何をして遊びますか。

父　親

・アンケートを書かれたのはどなたですか。ご夫婦で相談なさったのですか。

・本校のどこを一番気に入られましたか。

・カトリック教育についてどのように考えますか。

・お子さんのすごいなと思うところはどこですか。

・お仕事内容についてお話しください。

・お仕事がお忙しいでしょうが、お子さんとのかかわりはどのようにしていますか。

・お仕事を通じてお子さんに伝えたいことはありますか。

・今までで印象に残っている人との出会いはありますか。

母　親

・お子さんはお家で何をして遊んでいますか。

・どのようなお子さんですか。長所（短所）を教えてください。

・お子さんは今、何を頑張っていますか。

・お子さんのよいところを1つ教えてください。

・子育てをしていて、喜びを感じるのはどのようなときですか。

・お子さんに嫌いなものをどのように食べさせていますか。

・お仕事をしていらっしゃいますが、お子さんとの接し方で気をつけていることは何ですか。

・お子さんをしかるのはどのようなときですか。

面接資料／アンケート

出願時に、面接資料（B4判。23行の罫線あり）に記入し、提出する。以下のような項目がある。

・志望理由について。

・家族構成。

1

1

2

3

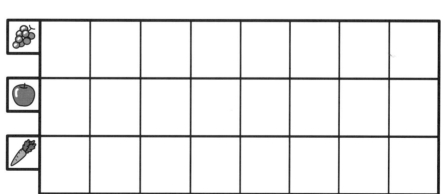

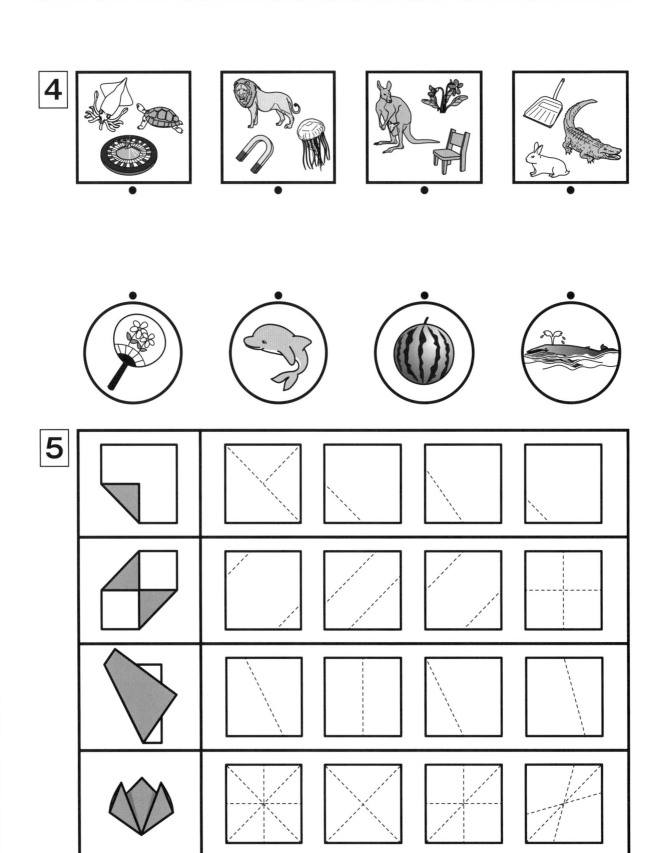

6

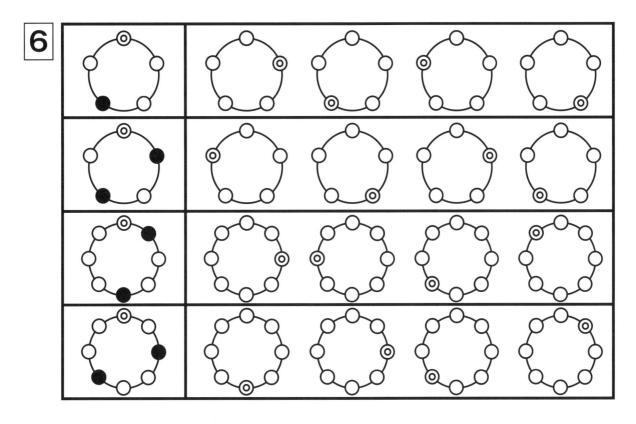

7

〈台紙〉　　　　　　　　　　　　　　　　〈袋に入っていた絵カード〉

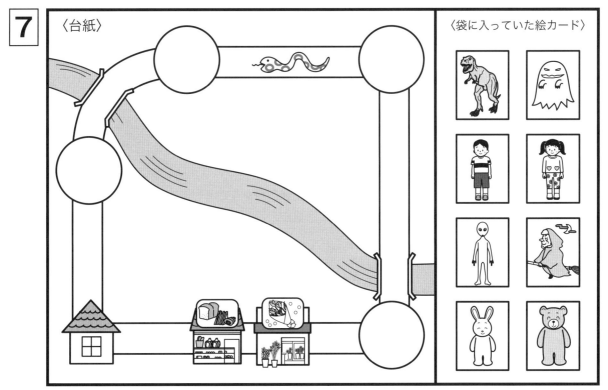

2016 横浜雙葉小学校入試問題

■ 選抜方法

願書受付日初日の午前9時以前に集合した人は抽選で、以降は受付順に受験番号が決まる。考査は1日で、約35人を1グループとしてペーパーテスト、集団テスト、運動テストを行う。所要時間は昼食を挟んで約6時間。考査日前の指定日時に親子面接がある。

┃ ペーパーテスト

筆記用具はクーピーペン(青、緑)を使用し、訂正方法は 〰 (ギザギザ線)。出題方法は口頭。

1 話の記憶

「今から怖い夢を食べてくれるバクさんのお話をします。バクさんはみんなが寝静まったころ起きて出かける準備を始めます。だからバクさんのことを知る人はだーれもいません。『チリリリリーン、チリリリリーン』。ウサギさんとワニさんのベルが鳴りました。このベルは怖い夢を見ている人たちをバクさんに教えてくれるものです。バクさんは夜道を急いでウサギさんのお家に行きました。バクさんはお家の前まで来ると、いつものようにドアに向かってお願いします。『ドアさん、ドアさん、開けてください』。バクさんがお家の中へ入ると、ウサギさんが大嫌いなブロッコリーたちに取り囲まれているこわーい夢を見ていました。でもバクさんはどんな怖い夢でも食べちゃうことができるのです。急いで夢の中に飛び込み、ブロッコリーお化けを追い回しひとつ残らず捕まえて、『パクパク、モグモグ』。ぜーんぶ食べてしまうと、怖い夢はすっかり消えました。そしてバクさんは、お茶を飲んでひと休み。『ふー、おいしかった。ゲプッ』。バクさんがげっぷをするとどうでしょう。ウサギさんの夢の中にブロッコリーづくしのレストランが現れました。ウサギさんもいいにおいのブロッコリー料理を食べてみたくなったようです。バクさんはそんなウサギさんを見てほっとすると次のお仕事に向かうことにしました。バクさんが次にやって来たのは、ワニさんのお家です。バクさんがお家の中へ入ると、虫歯だらけのワニさんがこわーい歯医者さんに治療をされている夢を見ていました。バクさんはあまりの怖さに大慌てです。でもバクさんはどんな怖い夢でも食べちゃうことができるのです。勢いよく怖い夢の中に飛び込んでいくと、『パクパク、モグモグ、ムシャムシャムシャ』。怖い歯医者さんをきれいさっぱり食べてしまうと、夢はすっかり消えてしまいました。バクさんはまたお茶を飲んでひと休み。すると、タコの歯医者さんとイカの歯科助手さんが現れました。そしてたくさんの足を使ってさっさか治療をするので、虫歯だらけだったワニさんの歯はあっという間にピカピカです。バクさんはそんなワニさんを見てほっとすると『さぁ、今日のお仕事はこれでおしまい』とお家へ帰ることにしました。ところがお家へ帰る途中、

一軒のお家からすごい音が聞こえてきたのです。バクさんは中の様子がとっても気になって、おそるおそるお家の中へ入ってみることにしました。するとみんなに怖がられているオオカミさんが、寂しくて寂しくて泣いている夢を見ていたのです。鋭い牙と大きな爪を持っているオオカミさんは、みんなと仲よくなりたくても怖がられてしまうのです。でも、怖い夢しか食べたことのないバクさんは、寂しい夢をどうすればよいのかわかりません。とにかくオオカミさんの夢の中へ飛び込んで、あったかくてほっとするお茶を差し出しました。するとオオカミさんはコクコクコクとお茶を飲み、泣きやんだようです。でも、あっという間に飲み干してしまい、もうバクさんのコップのお茶は空っぽです。せっかく泣きやんだオオカミさんでしたが、やっぱり寂しくなってきてまた泣き出してしまいました。オオカミさんは空っぽのコップを見つめて涙をポトポト流しました。見ていると涙を流すたびに体がどんどん小さくなっていきます。そしてとうとうすっかり消えてしまったのです。バクさんはいつの間にか夢から戻っていました。そしてそばのコップを見るとお茶がなみなみと入っていました。バクさんが不思議に思って飲んでみると『しょっぱい！』なんとそれは、オオカミさんの涙だったのです。バクさんはその涙にせっけんを入れてストローでかき混ぜました。それからみんなの住む町に向かってしゃぼん玉を飛ばしたのです。シャボン玉はオオカミさんの気持ちを優しく包んで、夜の空をフワリフワリと飛んでいきます。そしてようやくみんなのところまでたどり着くと、『パチン！ パチン！ パチン！パチン！』とオオカミさんの気持ちを伝えてはじけていきました。次の日の朝、寝ているオオカミさんの耳にみんなの声が聞こえてきました。『オオカミさーん、おはよう！』」

・お話に出てきたもの全部に○をつけましょう。
・バクさんが誰かのお家に行き、ドアを開けて入った後、怖くて大慌てしましたね。では、そのすぐ前の様子に合う絵に○をつけましょう。
・お話の順番になるように、点と点を矢印で結びましょう。

2 観察力

・左側の3枚の形を影にしたときの様子に合う絵に○をつけましょう。

3 数 量

・イチゴのところです。上の絵の中で帽子をかぶっている子どもの数だけ、○をかきましょう。
・ブドウのところです。ベンチで応援している人が3人帰り、その後で5人来ました。応援している人は何人になりますか。その数だけ○をかきましょう。
・ミカンのところです。子どもたちが1列に並び、先生から1等賞のメダルを順番にもらっています。前から4番目がふたばちゃんです。ふたばちゃんの後ろには何人の子どもが並んでいますか。その数だけ○をかきましょう。

・バナナのところです。子どもたちがボールで遊んでいます。3種類のボールの中で、一番数が多いものに○をつけましょう。

4 話の理解

今からお話しする内容に合うものに、言われた印をつけましょう。
・ブドウは入っているけれどリンゴは入っていないお皿に○をつけましょう。
・リンゴは入っているけれどバナナは入っていないお皿に△をつけましょう。
・イチゴとリンゴが2つずつ入っているお皿に×をつけましょう。

5 推理・思考（比較）

・左端の形の黒いところと、同じ広さの黒いところがある形を右から選んで○をつけましょう。

6 言　語

・左上のハート印のエプロンから右下の星印のサザエまで、名前の中に「エ」の音がつくものを全部線でつなぎましょう。ただし、縦と横には進めますが、斜めには進めません。

7 観察力（同図形発見）

・左上のお手本と同じ絵を選び、○をつけましょう。

8 推理・思考（鏡映図）

・図の真ん中の太い線のところに鏡を置くと、左の図はどのように映りますか。その様子を右のマス目にかきましょう。

▌ 集団テスト ▌

9 制作・巧緻性

丸、三角、四角などの形がかいてある白画用紙の台紙、いろいろな形がかいてある4色の画用紙、クーピーペン（緑）、スティックのり、はさみが入っている紙コップが用意されている。のりをつけるときに下に敷く紙（白い紙）が配られる。立ったまま行う。
・台紙の形にピッタリ合う形を4色の画用紙の中から選び、切り取って貼りましょう。

10 位置・記憶

・前の課題で形を貼った台紙を裏返しにしましょう（家の絵が描いてある）。
（テレビモニターに映し出された記憶図を15秒くらい見る）黄色い明かりがついていた

窓に○、女の子がいた窓に×を緑のクーピーペンでかきましょう。

集団ゲーム（神経衰弱）

6、7人のグループに分かれる。ヒヨコ、オタマジャクシ、ウシ、傘、ケーキ、アイスクリーム、クリスマスツリー、牛乳、カエルなどの絵カードを表向きに並べ、その後、裏返しにする。1人2枚ずつ順番にめくり、2枚のカードの「同じところ」を言えたらそのカードをもらえる。

自由遊び

ボウリング、ドミノ、輪投げ、的当て、パズル、ケン玉、ロケット（細長い風船状で投げて遊ぶ）などが置いてあり、好きなもので遊ぶ。

生活習慣

お友達と一緒に床に正座して、持参したお弁当を食べる。

運動テスト | 6グループに分かれ、それぞれの色の帽子をかぶる。

かけっこ

赤、青、黄色のコーンが並んでいる。スタートラインから指示された通りに走ってコーンを回り、スタートラインに戻ってくる。

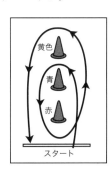

指示行動

床にはしご状にテープが貼ってある（一部◉の印が四角の中にある）。その中を指示通りに進んでいく。
・四角の中をケンケンで進んでいき、帰りはスキップで戻る。
・四角の中を両足跳びで往復する。
・四角の中を横向きで歩き、◉の印のところで反対向きとなり、そのまま進行方向に横向きで歩く。

・四角の中を歩いて進み、⊙の印がある四角は跳び越えて進む。

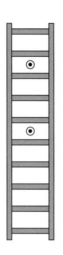

親 子 面 接

本 人

・お名前と通っている幼稚園（保育園）の名前を教えてください。
・幼稚園（保育園）では何をして遊ぶのが好きですか。
・幼稚園（保育園）は給食ですか、お弁当ですか。
・お弁当に何が入っているとうれしいですか。
・お父さんとお母さんの好きなところを教えてください。
・今、一生懸命頑張っていることは、どのようなことですか。
・お家ではどのようなお手伝いをしていますか。
・運動会の練習はしていますか。

父 親

・志望理由をお聞かせください。
・本校を知ったきっかけを教えてください。
・数あるカトリックの小学校の中で、本校を選んだ理由は何ですか。
・お子さんとは普段どのように接していますか。
・お子さんと一緒にすることで、楽しいことは何ですか。
・ご自身は子どものころ、どのようなことに熱中しましたか。
・お子さんが誕生してからうれしい、幸せだと思ったのはどのようなときですか。
・休日はご家族でどのように過ごされますか。
・お子さんにはどのような女性になってほしいですか。

母 親

- ・お子さんを育てるにあたって、大切にしていることは何ですか。
- ・お子さんの長所はどのようなところだと思いますか。
- ・お子さんはご家庭ではどのような様子ですか。
- ・お子さんの礼儀作法で気になることはありますか。
- ・お仕事と育児を両立するにあたり、お子さんとのかかわり方で気をつけていることは何ですか。

面接資料／アンケート

出願時に、面接資料（B4判。23行の罫線あり）に記入し、提出する。以下のような項目がある。

- ・志望理由について。
- ・家族構成。

1

1

2

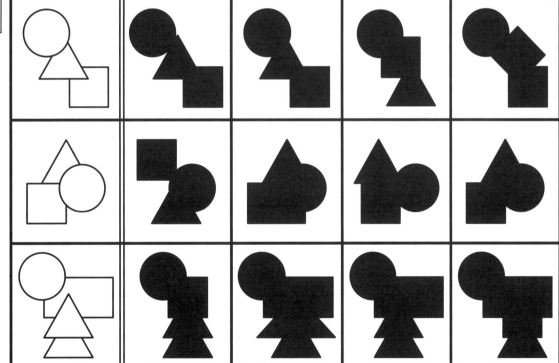

4

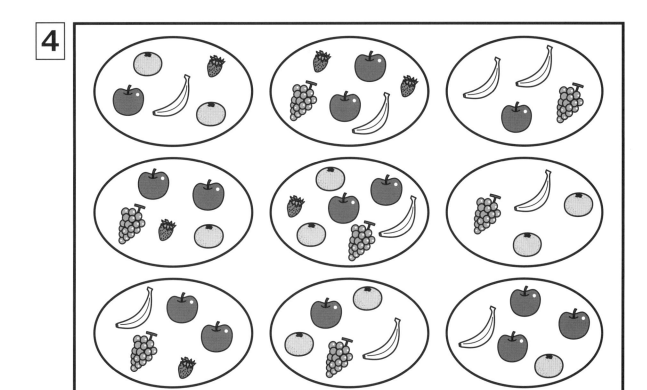

5

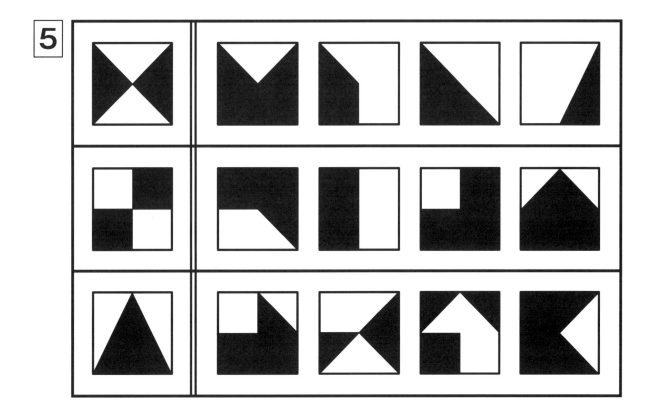

6 ♡

  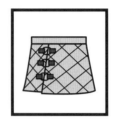 

☆

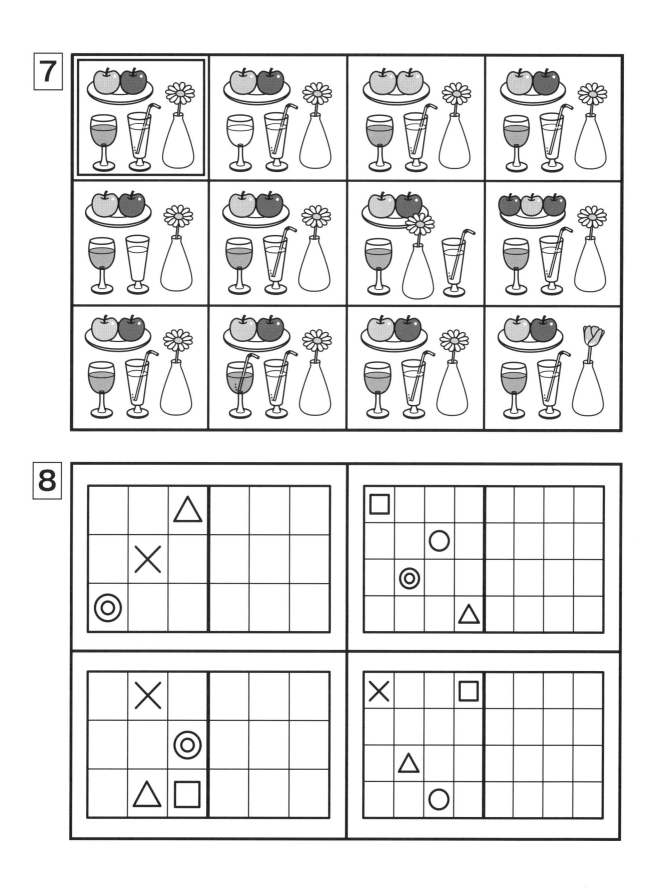

9 〈白い台紙〉

水色

オレンジ色

ピンク

黄色

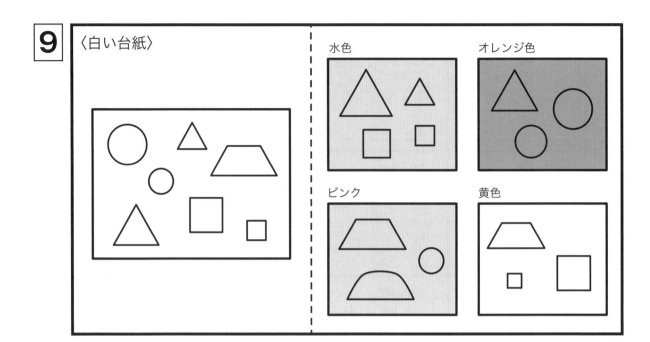

10 【記憶図】　　　　　〈⑨の白い台紙の裏〉

黄色

黄色

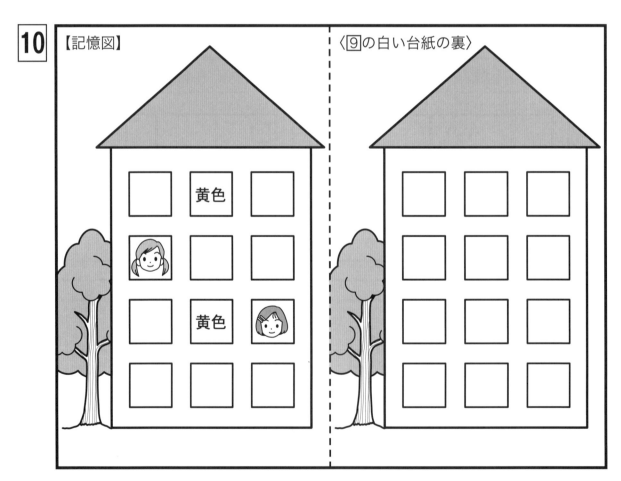

section 2015 横浜雙葉小学校入試問題

■ 選抜方法

願書受付日初日の午前9時以前に集合した人は抽選で、以降は受付順に受験番号が決まる。考査は1日で、約40人を1グループとしてペーパーテスト、集団テスト、運動テストを行う。所要時間は昼食を挟んで約6時間。考査日前の指定日時に親子面接がある。

| ペーパーテスト | 筆記用具はクーピーペン（青、緑）を使用し、訂正方法は〰〰（ギザギザ線）。出題方法は口頭。 |

1 話の記憶

「ふたばちゃんは4歳の女の子です。弟のしょうた君はもうすぐ3歳になります。今度の水曜日が弟の誕生日なのです。火曜日にふたばちゃんはお母さんと買い物に行きました。『しょうた君の誕生日プレゼントを買わなくちゃ』とお母さんはふたばちゃんに言いました。『わたしもプレゼントを買いたいな。だってわたし、100円玉持ってるんだもん』とふたばちゃんは言いました。まず初めに、ふたばちゃんとお母さんはおもちゃ屋さんに行きました。おもちゃ屋さんには、小さい女の子や小さい男の子が欲しがるようなものがたくさんありました。『たくさんあって、迷ってしまうわ』とお母さんは言いました。お母さんはヘリコプターを買うことに決めました。『このヘリコプターをくださいな』。店員さんはヘリコプターを箱に入れてくれました。それからお母さんは『ふたば、何をあげるか決めた？』とふたばちゃんにたずねました。『うん、決めた。クッキーにする』『それじゃあ、お菓子屋さんに行かなくちゃね』。お菓子屋さんはおいしそうなものでいっぱいでした。ふたばちゃんはカウンターのところへ行きました。『何を差し上げましょう、小さいお嬢さん』とお店の人が聞きました。『クッキーをちょうだい。弟の誕生日にあげるの』『どんなクッキーがいいですか？　子イヌやウサギ、それからゾウやお魚のクッキーもありますよ』『子イヌのクッキーがいいな。それはいくらですか？』『100円ですよ』。そこでふたばちゃんはお財布から100円玉を取り出しました。『箱の中にはクッキーが8つ入っていますよ』。お店の人はそう言って、ふたばちゃんにクッキーの箱を渡してくれました。お家に帰ると、お母さんはヘリコプターを食器棚の中に隠し、ふたばちゃんはクッキーの箱を自分の部屋のたんすの中に隠しました。クッキーの箱には子イヌの絵が描いてありました。『うちのベルが小さかったときみたい』とふたばちゃんは思いました。ふたばちゃんはその晩、なかなか眠ることができませんでした。あの子イヌのクッキーのことを考えていたのです。『子イヌのクッキー、1つ食べたいな。箱の中には8つも子イヌのクッキーがあるのよ。わたしが1つくらい食べたって、弟は気にしないと思うな』。そこでふたば

ちゃんはベッドを抜け出し、たんすまでつま先で歩いていきました。そして箱を開け、子イヌのクッキーを１つ口の中に放り込みました。うーん！　なんておいしいんでしょう。それからふたばちゃんはベッドに戻りました。でもやっぱりふたばちゃんは眠れませんでした。箱の中に残っている７つの子イヌのクッキーのことが頭から離れないのです。『わたしがもう１つだけ食べたって、弟は気にしないと思うな。それにさっきの子イヌは、わたしのおなかの中でひとりぼっちで、きっとさみしがってるわ』。そこでふたばちゃんはもう一度ベッドを抜け出し、箱を開けて２つ目の子イヌのクッキーを口の中に放り込みました。うーん！　うーん！　なんておいしいんでしょう。それからふたばちゃんはもう一度ベッドに戻りました。でもまだ、ふたばちゃんは眠れませんでした。箱の中に子イヌのクッキーが６つ残っていることを忘れることができなかったのです。ふたばちゃんはもう一度ベッドを抜け出し、３つ目の子イヌのクッキーを食べました。うーん！　うーん！　うーん！　なんておいしいんでしょう。そして、とうとう……。もう箱の中に子イヌのクッキーは１つも残っていません。ふたばちゃんが全部食べてしまったのです！　悪いことをしちゃったな……と思いながら、ふたばちゃんはそのまま眠ってしまいました。今日は弟の誕生日です。お父さんは荷台が上げ下ろしできるトラックのおもちゃをプレゼントしました。おばあちゃんは緑、赤、黄色と３つの違った色がつく懐中電灯をプレゼントしました。お母さんからはヘリコプターのおもちゃです。『ふたばからもプレゼントがあるのよ』とお母さんが言いました。ふたばちゃんは自分をたいへん恥ずかしく思っていました。そこで、小さな声で『これあげる』と言いながらクッキーの箱を差し出しました。『わーい！子イヌのクッキーだ！』と弟は箱を開けました。中はからっぽです。弟がどんなにがっかりしたかわかるでしょう？　『まあ、いったいぜんたいどういうこと？』とお母さんが言いました。『子イヌのクッキーはどこに行っちゃったの？』『どこにあるかわかりますよ』とおばあちゃんが言いました。『ふたばのおなかの中でしょ』『まあ、ふたばったら！』『ごめんなさい』。ふたばちゃんはすすり泣きました。『本当にごめんなさい』。そのとき、お父さんが部屋に入ってきました。『来てごらん、うちのベルもプレゼントをくれたよ！』みんなはお父さんの後ろについて台所に行きました。台所では、イヌのベルが自分のベッドの中で誇らしげにしていました。そして、そのそばに丸いふわふわしたものが３つありました。子イヌが産まれたのです！　『子イヌのクッキーより、本物の子イヌの方がずっといいや！』弟は大喜びです。『元気を出しなさい、ふたば』とお母さんが言いました。『賢いうちのベルが、ちゃんとうまくやってくれたじゃないの』』

・上の２段です。お話に合う絵に○をつけましょう。
・下の段です。左上の二重丸の絵から、お話の順に絵を線でつなぎましょう。
・２ページ目です。誰がどんなプレゼントを渡しましたか。点と点を線で結びましょう。

2 数　量

・太陽印の段の絵を見てください。男の子がボウリングをしています。ボウリングのピンの数だけ、イチゴの絵の横の四角に○をかきましょう。

・太陽印の段の絵を見てください。一番後ろの列のピンと、前から2番目の列のピンを合わせた数だけ、ブドウの絵の横の四角に○をかきましょう。

・星印の段の絵を見てください。上の太陽印の段のピンがいくつか倒れて、星印の絵のようにピンが残りました。ピンは何本倒れましたか。その数だけサクランボの絵の横の四角に○をかきましょう。

3 言　語

・「ひく」という言葉に合う様子のものに○をつけましょう。

・「きる」という言葉に合う様子のものに△をつけましょう。

・「かける」という言葉に合う様子のものに□をつけましょう。

4 構　成

・上の四角のお手本の形を作るには、左側と右側の形のどれとどれを組み合わせるとよいですか。点と点を線で結びましょう。形は回しても構いません。（例題でテスターとやり方を確認してから行う）

5 常識（昔話）

・上の6つの四角の中から、オオカミが出てくるお話に○をつけましょう。

・桃太郎の家来は、上の四角に描いてあるもののほかに何がいますか。下の四角から選び、その絵に×をつけましょう。

・下の四角の中から、「シンデレラ」にも「おむすびころりん」にも出てくる生き物を選び、◎をつけましょう。

6 常識（生活）

・絵の中で電気を使うものに○、お水がいるものに△をつけましょう。

7 観察力・巧緻性

・上の四角の中に4つのお手本があります。お手本から丸の位置が合っているものを選んで、同じように点線をなぞりましょう。下まで全部やってください。

8 推理・思考（鏡映図）

・左端の絵のように、人や形やものの前に鏡が置いてあります。鏡に映したときの様子で正しいものを、右の絵から選んで○をつけましょう。

集団テスト

9 制作・巧緻性

テレビでお手本として折り紙などで作られた女の子の画像を見せられた後、テレビは消される。女の子の形が描かれた台紙、5色の折り紙、鉛筆、スティックのり、はさみが用意されている。

・お手本のように、帽子、ボール、ズボンを折り紙で作りましょう。色はお手本と同じでなくてもよいですよ。顔や髪の毛、服の模様は、鉛筆で描きましょう。

🔷 集団ゲーム（陣取りゲーム）

4、5人のチームで行う。床に置かれた2列の画用紙の手前にそれぞれのチームが座る。画用紙には丸がかかれていて、その丸にいろいろな生き物のシールを貼る。攻める側は、丸の上におはじきを置き、1人ずつアイススティックではじいて、相手チームの陣地（画用紙）におはじきを入れる。守る側は2羽のアヒルのおもちゃを使って、おはじきが自分の陣地に入らないように防ぐ。これを順番に行う。相手のおはじきが自分のチームの画用紙に入ったときは、おはじきが入った画用紙に貼られたシールの生き物のまねをする。

🔷 自由遊び

積み木、ケン玉、ボウリング、バスケットゴールとボール、的当て、パズルのコーナーがあり、好きなもので自由に遊ぶ。

🔷 生活習慣

お友達と一緒に床に正座して、持参したお弁当を食べる。座る場所はグループによって異なる。

運動テスト

6グループに分かれ、それぞれの色の帽子をかぶる。

かけっこ

赤、青、黄色のコーンが並んでいる。走りながらそれぞれのコーンを回ってスタートラインに戻ってくる。

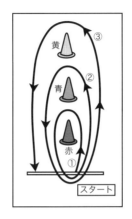

片足跳び

床の上に置かれた赤、白、青のフープの中を片足ずつ（左右交互に）ジャンプしながら進み、帰りは赤のフープの中は通らないで戻る。

ケンパー

床のラインの上をリズムよくケンパーで進み、戻ってくる。

紙風船つき

紙風船が1人1つずつ配られる。それをふくらませ、左右の手で交互に上につく。

親 子 面 接　｜　親子で入室し、質問の途中で親子ゲームを行う。

親子ゲーム（絵合わせゲーム）

親子で裏返しになっている12枚の絵カードを順番にめくり、協力して同じ絵を出していくゲームを行う。どのような順番で行うかを、子どもが決めるよう指示がある。

本 人

・お名前と通っている幼稚園（保育園）の名前を教えてください。
・（絵合わせゲームを終えて）ゲームは楽しかったですか。
・幼稚園（保育園）ではどのようなことをして遊びますか。
・幼稚園（保育園）は給食ですか、お弁当ですか。

・お弁当に何が入っているとうれしいですか。

・お家でお父さん、お母さんと何をして遊びますか。

・運動会の練習で頑張っていることはどんなことですか。

・どのようなときに「ありがとう」と言われますか。

父 親

・志望理由をお聞かせください。

・どのようなお子さんですか。

・この夏のご家族の思い出を教えてください。

・お子さんとどのようにかかわっていますか。

母 親

・志望理由をお聞かせください。

・子育てをしていて、喜びを感じるのはどのようなときですか。

・(仕事をしている場合) お子さんの帰宅時間が早いことに対して、どのように対応されますか。

・お子さんの成長を感じるところをお話しください。

・(きょうだいがいる場合) 弟さんがいますが、どのようなお姉さんですか。

面接資料／アンケート

出願時に、面接資料（Ａ４判）に記入し、提出する。以下のような記入項目がある。

・志望理由について。

・家族構成。

1

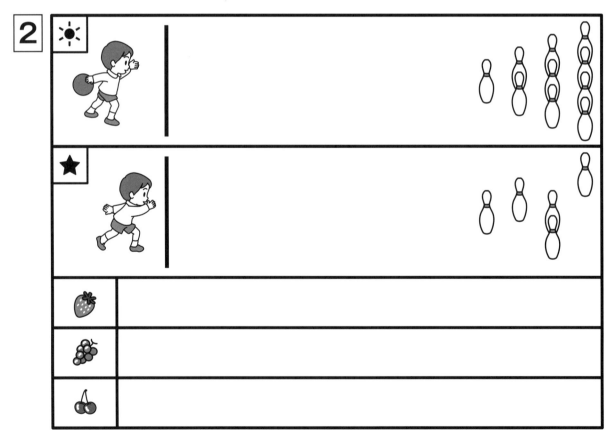

5

6

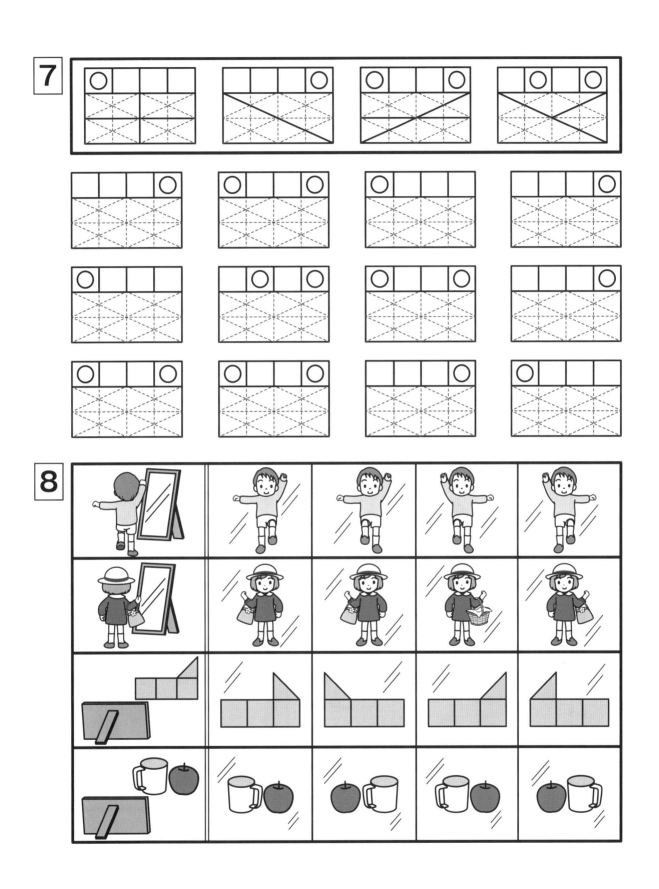

9 【お手本】

帽子とボール、ズボンは
折り紙で作ってある

〈台紙〉

〈材料〉

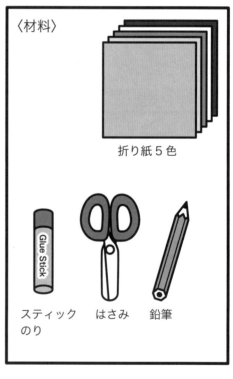

折り紙5色

スティック
のり　　はさみ　鉛筆

section
2014 横浜雙葉小学校入試問題

■ 選抜方法

願書受付日初日の午前9時以前に集合した人は抽選で、以降は受付順に受験番号が決まる。考査は1日で、約40人を1グループとしてペーパーテスト、集団テスト、運動テストを行う。所要時間は昼食を挟んで約6時間。考査日前の指定日時に親子面接がある。

┃ ペーパーテスト

筆記用具はクーピーペン(青、緑)を使用。特に色の指示がないときは青のクーピーペンを使用し、訂正方法は〰〰(ギザギザ線)。出題方法は口頭。

1 話の記憶

「あるお城にしりとりの大好きな王様が住んでいました。王様は何でもしりとりで並んでいないと気がすみません。夕ごはんの時間になりました。『今日は何から始めましょうか』。家来たちはビクビクして、返事を待っています。なぜなら料理もしりとりの順番に出さないといけないからです。おまけに最後は王様の好きなプリンと決まっています。『今夜はサンドイッチから食べるぞ』『かしこまりました』。家来たちは急いでサンドイッチを作りました。『おお、うまそうじゃ』。王様は出されたサンドイッチを一口でたいらげます。次の家来はお皿にちくわをのせてきました。王様はちくわもペロリ。『あの王様、もう少しゆっくり召し上がってはいかがでしょう』。家来が言うと、『わしは、おなかが減っているのじゃ。早く次だ！』『かしこまりました』。家来たちは台所で大忙しです。『ちくわの次は、ワカメに決めた！』『ワカメの次は、えーっと、め、め、目玉焼きだ！』目玉焼きの次はキノコです。『僕の出番は、まだかなあ』。とっくにプリンを作り終えた家来がため息をついています。キノコの後は、ココア、アスパラと続きました。『おい、アスパラの次は何だ！』王様が家来をどなります。『たいへんお待たせいたしました！』家来が差し出したのはラーメンです。『ラーメン？　ん？　しりとりが終わっているじゃないか！　プリンはどうした！』『すみません！』『けしからん！』王様は家来たちをしかりつけ、あばれました。家来たちは何やらひそひそと相談を始めています。次の日の朝。家来たちは声をそろえて言いました。『今朝は、まず、もぎたてのトマトからいかがでしょう』『うん、これは、うまそうじゃ』。王様は真っ赤なトマトを一口でパクリ。家来が次に出したものはトーストでした。『やっぱり焼きたてはうまいな』。王様はトーストもまた、ペロリ。そして、次に出されたものはトマトでした。『おい、またトマトか』『はい、しりとりでございますから』。その後も家来たちは、トースト、トマト、トースト、トマト、トースト……をいつまでもくり返しました。『ああ、もういい！　しりとりはごめんだ！』家来たちの仕返しが効いて、王様がしりとりでみんなを困らせることはなくなりました」

・上の四角です。お話に出てきた食べ物全部に○をつけましょう。

・絵がお話の順番になるように右下の二重丸の絵から線を引きましょう。

2 言　語

・「ドングリ」のように2番目の音が「ン」のものに○をつけましょう。

・2つの音でできているものに×をつけましょう。

3 言語（しりとり）

・食べ物がしりとりでつながっている段を見つけて、左端の四角に○をかきましょう。

4 推理・思考（条件迷路）

・星からスタートして太陽の印のところまで、先生の言った順番に全部の言葉を通るように線を引きましょう。何もかかれていない丸は通ってもよいですが、先生が言わないものや同じところを通ってはいけません（テスターが「ケーキ、ドングリ、ブランコ、ウサギ」と言う）。

5 推理・思考

・左側の四角にある2枚の同じ形を重ねたりくっつけたりして形を作りましたが、1つだけ作れないものがあります。右側から選んで×をつけましょう。

6 数　量

・上の観覧車は矢印の方向に回ります。順番に並んでいる子どもがハートのところから乗っていくと、アイスクリームを持っている女の子はどのゴンドラに乗ることができますか。そのゴンドラに○をつけましょう。

・アイスクリームを持っている子どもは絵の中に何人いますか。その数だけ下のアイスクリームの段に○をかきましょう。

・ホットドッグのお店にホットドッグが9個並んでいます。6個売れたので、大急ぎで4個作りました。今、お店にホットドッグは何個ありますか。その数だけホットドッグの段に○をかきましょう。

・風船を持っている子どもが2人ずつベンチに座ります。残ったベンチにはあと何人座ることができますか。その人数だけ風船の段に○をかきましょう。

7 言　語

・「あおむけ」という言葉に合う様子のものに○をつけましょう。

・「隣り合っている」という言葉に合う様子のものに△をつけましょう。

・「向かい合っている」という言葉に合う様子のものに×をつけましょう。

8 点図形

・左側のお手本と同じように隣の四角に緑のクーピーペンでかきましょう。

集団テスト

9 制作・巧緻性

お手本、台紙、大きさの違う丸い折り紙（赤）4枚、丸いシール（赤、青、黄色、緑、白）のシールシート2枚、小さいシール（黒）1枚、スティックのりが机の上に置いてある。
・お手本と同じように作りましょう。

集団ゲーム（パズルゲーム）

6、7人のグループに分かれる。パズルのピースが入った袋の中から1人1つずつ取る。ピース裏には音符、クエスチョンマーク、動物の顔のいずれかが描いてある。音符が出たらグループで歌を歌い、クエスチョンマークが出たらなぞなぞを出す。動物の顔が出たらその動物の鳴き声をまねる。
その後、ピースを表にし、1枚の絵になるよう完成させる。ただし、異なるパズルのピースもいくつか混ぜられている。

自由遊び

積み木、ケン玉、ボウリング、パズル、輪投げ、的当てが置いてあり、好きなもので遊ぶ。

生活習慣

お友達と一緒に床に正座して、持参したお弁当を食べる。座る場所は好きなところでよい。

運動テスト

6グループに分かれ、それぞれの色の帽子をかぶる。

かけっこ

3つのコーンが並んでいる。2つ目のコーンまで走り、そこを回って戻り、引き続き3つ目のコーンまで走って回って戻ってくる。

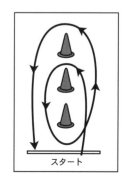

◆ 連続運動

首をぐるぐる回しながら歩く→お手玉を頭に載せ、両腕を広げて、できるだけ速く歩く→5歩進み、5回お手玉を投げ上げて受ける→お手玉を投げ上げしながら歩く→お手玉を床に置き、その上を左右に跳ぶ。

◆ ボール投げ

壁に向かって小さなボールを投げる。

親 子 面 接 | 親子で入室し、質問の後で親子ゲームを行う。

本 人

- ・お名前を教えてください。
- ・幼稚園（保育園）の名前を教えてください。
- ・夏休みに楽しかったことは何ですか。
- ・幼稚園（保育園）はお弁当ですか、給食ですか。
- ・お弁当には何が入っているとうれしいですか。
- ・お家ではどんなお手伝いをしますか。

父 親

- ・志望理由をお聞かせください。
- ・お子さんとの夏休みの思い出を教えてください。
- ・お子さんが夏休みに成長した点を教えてください。
- ・お子さんの自慢できるところを教えてください。
- ・お休みの日はお子さんとどのように過ごしていますか。
- ・お子さんのどのようなところが自分に似ていると思いますか。

母 親

- ・夏休みはお子さんとどのように過ごしましたか。
- ・幼稚園（保育園）生活で心に残っていることは何ですか。
- ・最近、お子さんが成長したと思う点を教えてください。
- ・（お仕事をされている場合）お子さんの帰宅時間が早いことに対して、どのように対応されますか。
- ・どのようなことに気をつけて子育てをしていますか。
- ・子育てをしていて幸せだと思うことは何ですか。

・お子さんは幼稚園（保育園）から帰った後、どのように過ごしていますか。

親子ゲーム（連想ゲーム）

5枚の裏返しのカードから1枚を子どもが指でさして選び、親がカードを取る。カードには漢字やカタカナで「ラーメン」などの言葉が書いてある。父→母の順にヒントを出し、子どもはカードを見ずに書かれたものを当てる。

面接資料／アンケート	出願時に配付された面接資料（A4判）に記入し、面接日に持参する。以下のような記入項目がある。

・志望理由について。
・家族構成。

2

3

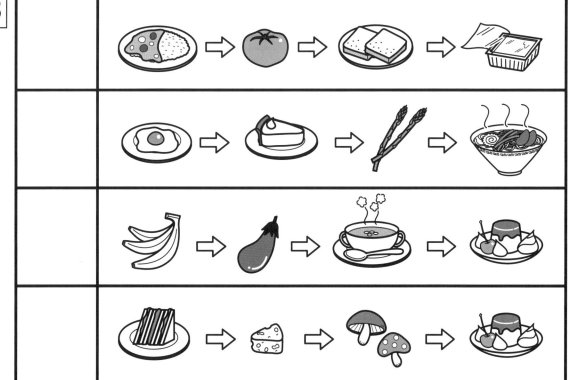

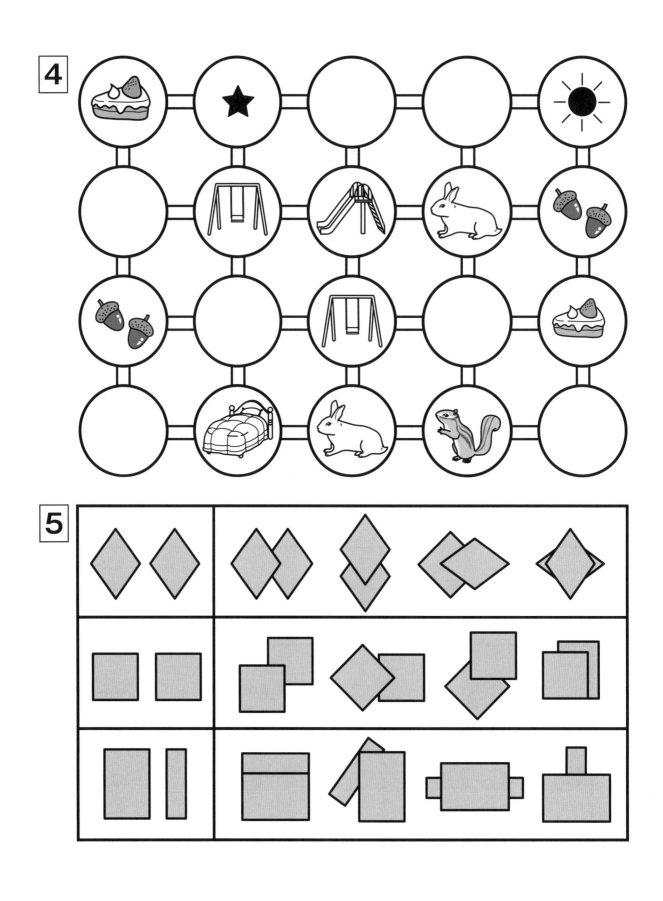

6

9 【お手本】

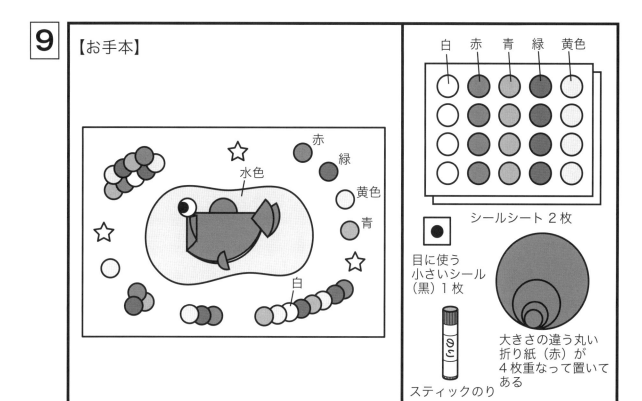

〈台紙〉

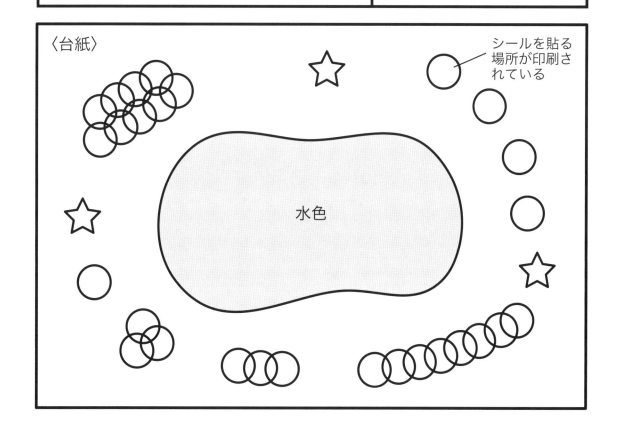

横浜雙葉小学校
入試シミュレーション

横浜雙葉小学校入試シミュレーション

1 話の理解

- 1段目です。5人でかけっこをしています。矢印の女の子は前の子を1人追い抜いて、その後1人に抜かされました。今、女の子は前から何番目ですか。その数だけ右の四角に○をかきましょう。
- 2段目です。「三角は丸より大きく、丸は四角より大きいです」。今のお話に合う絵に○をつけましょう。
- 3段目です。まさお君は左手にお花を持って、右の胸にポケットのついた半袖の服を着ています。まさお君の絵に○をつけましょう。
- 4段目です。真ん中にいるゆきちゃんは3人きょうだいで、妹とお兄さんがいます。ゆきちゃんのきょうだいの絵に○をつけましょう。
- 5段目です。「ゆうこちゃんとかける君は、2人で噴水の前に並んで写真を撮ってもらいました」。今のお話に合う絵に○をつけましょう。

2 数 量

- 上のリンゴを下の絵のように2人や3人で仲よく分けると、1人分はそれぞれいくつになりますか。その数だけすぐ下の2段の右に○をかきましょう。
- 真ん中の絵のように子ども1人でイチゴを2個食べます。2人や3人で食べるイチゴの数はいくつですか。下の2段の絵の右に○をかきましょう。
- イチゴが6個あります。真ん中の絵のように子ども1人でイチゴを2個食べます。何人の子どもが食べられますか。その数だけ一番下の段の右に○をかきましょう。

3 観察力

- 左の絵を作るのに、右のカードでいらないものに×をつけましょう。

4 推理・思考（重ね図形）

- 上の3段では、左の四角の中の2つの絵をそのままずらして重ねたときの絵を、右から選んで○をつけましょう。下の2段では、左の絵を矢印のように点線で折って重ねたときの絵を、右から選んで◎をつけてください。

5 推理・思考（四方図）

- 机の上の積み木を周りからは動物たちが、上からは小鳥が見ています。ウサギとゾウが見ているものを、ウサギとゾウの絵の下の4つから選んで○をつけましょう。クマと小鳥が見ている絵は、それぞれ下の四角の中に描いてください。

6　推理・思考（比較）

- 一番上の段で、2番目に小さいメロンに○、3番目に大きいメロンに△をつけましょう。
- スイカの置いてある棚で、上の段の右から2番目のスイカに○、下の段の左から3番目のスイカに△をつけましょう。
- 真ん中の段の5本のひもで、3番目に長いひもに○、4番目に短いひもに△をつけましょう。
- 下から2段目の積み木で、7個の積み木でできているものに○、9個の積み木でできているものに△をつけましょう。
- 一番下の段のジュースをストローで同じように飲んだとき、一番早くなくなるものに○、最後になくなるものに△をつけましょう。

7　言語・巧緻性

- 一番上の段で、「つまむ」という言葉に合う絵に○をつけましょう。
- 上から2段目で、「くぐる」という言葉に合う絵に○をつけましょう。
- 上から3段目で、「つなぐ」という言葉に合う絵に○をつけましょう。
- 左下の四角の中の丸を、矢印の次の丸から1つ置きに塗っていきましょう。
- 右下の四角にあるクマの顔のうち、2つを一緒に線で囲みましょう。

8　常　識

- 一番上の段で、春の花に○をつけましょう。
- 上から2段目で、削れるものに○をつけましょう。
- 3段目で、根っこの部分を食べるものに○をつけましょう。
- 4段目で、卵で産まれてから大きくなったものに○をつけましょう。
- 一番下の段で、ゆでて料理して食べるものに○をつけましょう。

9　常識（季節）

- 「梅雨」と仲よしの絵の下に○をかきましょう。
- 「節分」と仲よしの絵の下に△をかきましょう。
- 7月にする行事と仲よしの絵の下に◎をかきましょう。
- 「こどもの日」と仲よしの絵の下に□をかきましょう。
- 「桃の節句」と仲よしの絵の下に×をかきましょう。

10　言　語

- 「クリスマスツリー」には「リス」が入っているように、名前の中に生き物の名前が入っているものに○をつけましょう。

11 推理・思考（重さ比べ）

・シーソーやてんびんばかりが左の絵のようになっているとき、右のシーソーやてんびん
ばかりの四角の中には、どの動物や果物が入るでしょうか。入ると思う動物や果物をす
ぐ上から選んで、矢印の先の印を四角の中にかきましょう。

2

3

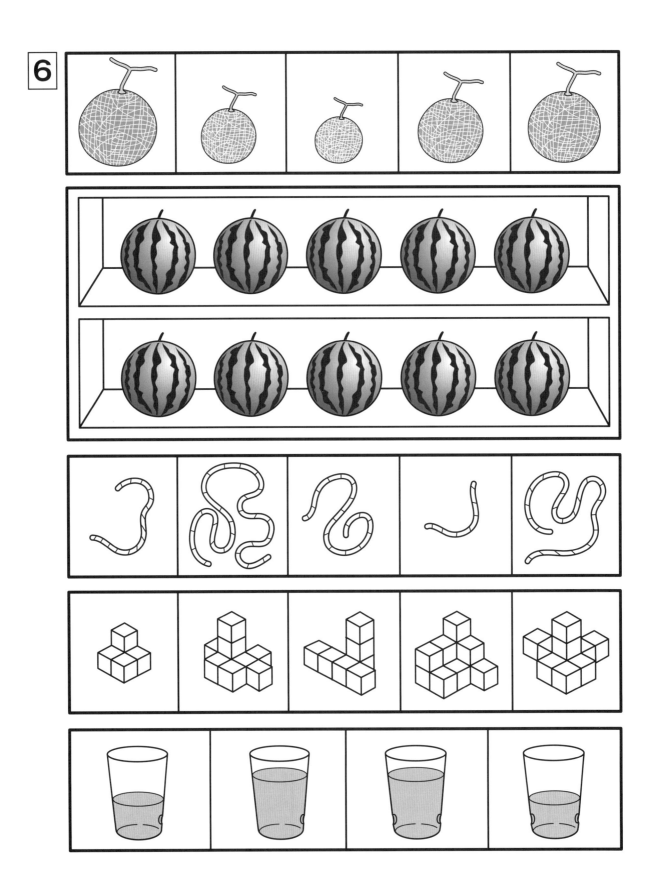

7

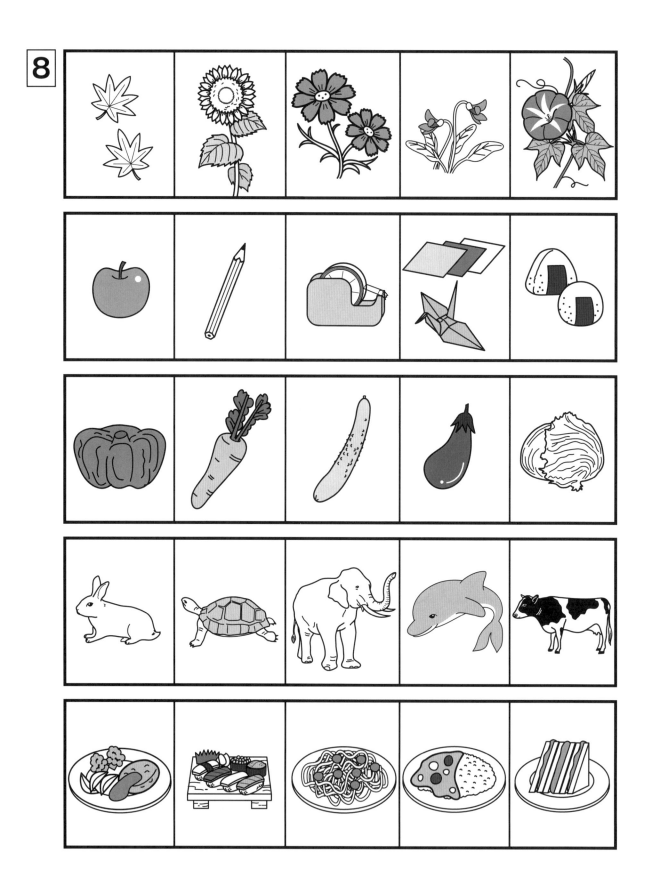

10

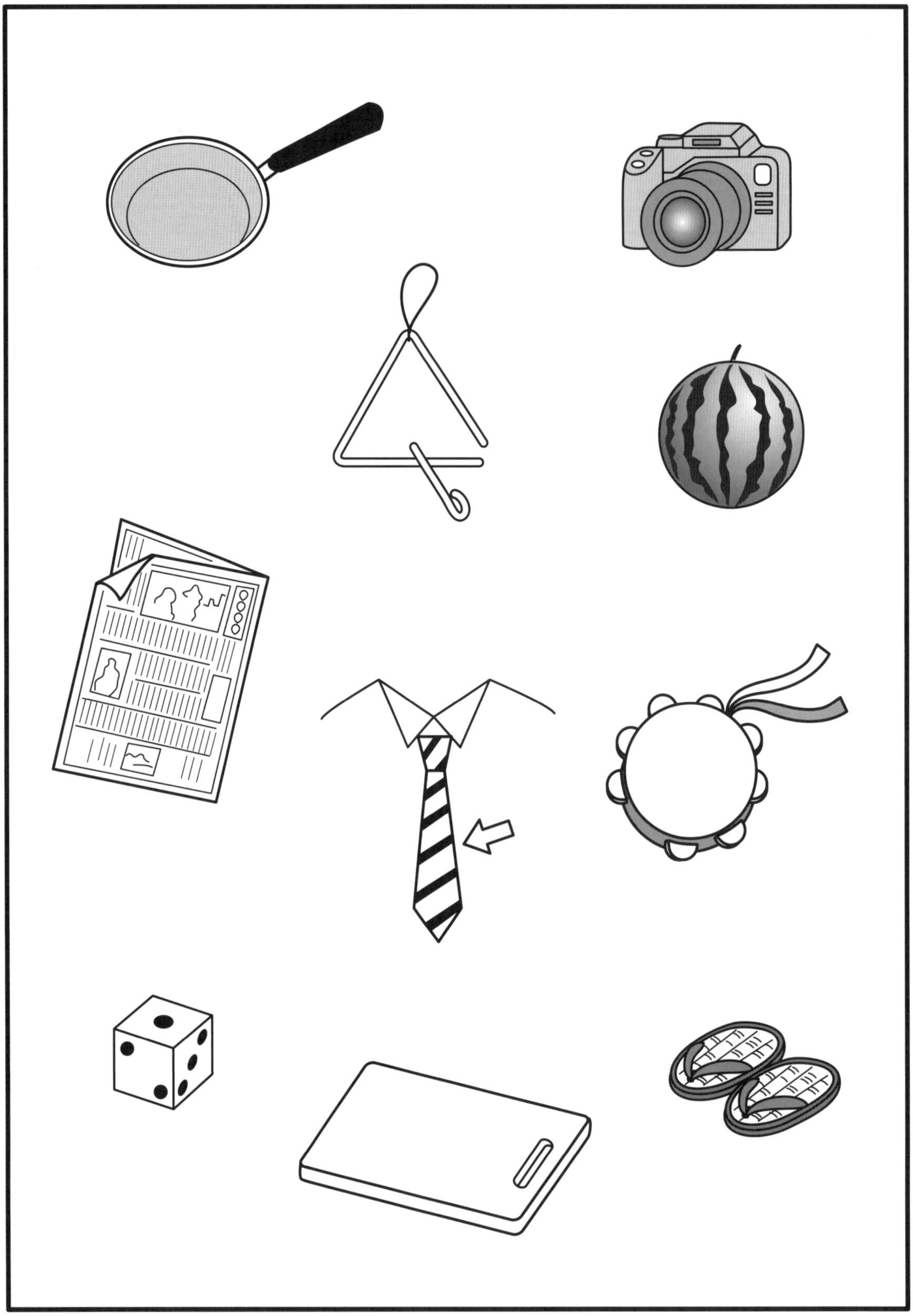

11

2024 学校別過去入試問題集

✎ 年度別入試問題分析【傾向と対策】　✎ 学校別入試シミュレーション問題　✎ 解答例集付き

伸芽会の有名小学校合格シリーズ

Shinga-kai

カラーページ増殖中！
※2022年秋実施の入試問題を含む

過去 5 ～ 15 年間分
全 44 冊 52 校掲載

定価 3410 円～3520 円
（本体 3100 円～3200 円＋税 10%）

ミシン線入り
解答例集付き

全国の書店・伸芽会出版販売部にお問い合わせください。

伸芽会　出版販売部　03-6914-1359 （10:00～18:00 月～金）

〒171-0014 東京都豊島区池袋 2-2-1 7F　https://www.shingakai.co.jp

2023 年 2 月より順次発売中！

© '06 studio*zucca

［過去問］　2024

横浜雙葉小学校 入試問題集

解答例

✳ **解答例の注意**

この解答例集では、ペーパーテスト、集団テストの中にある□数字がついた問題、入試シミュレーション
の解答例を掲載しています。それ以外の問題の解答はすべて省略していますので、それぞれのご家庭でお
考えください。（一部□数字がついた問題の解答例の省略もあります）

入試シミュレーションの
解答例もあります！

© 2006 studio*zucca

Shinga-kai

1

1

2

3

4

5

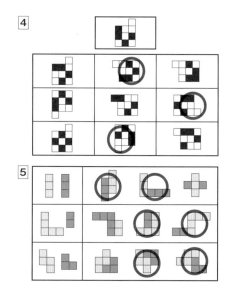

6

7

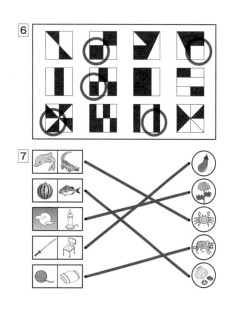

8

9

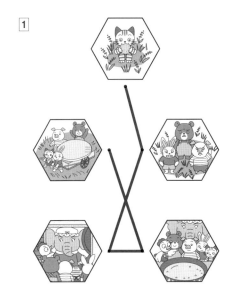

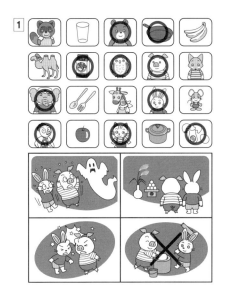

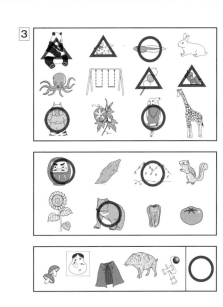

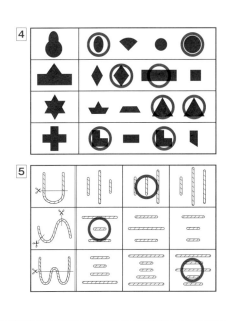

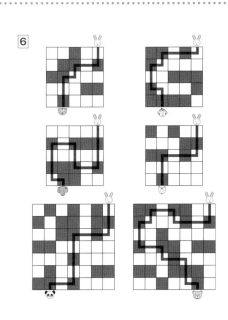

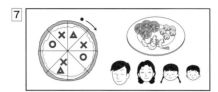

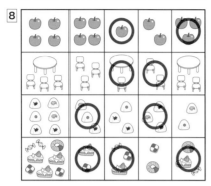

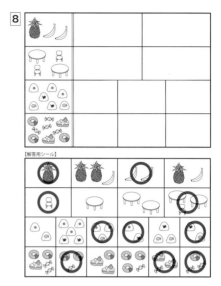

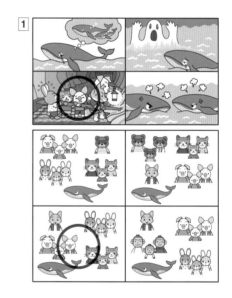

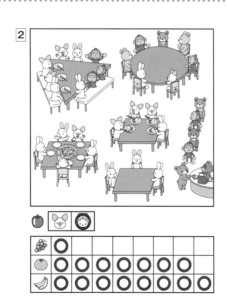

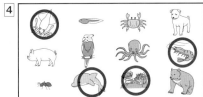

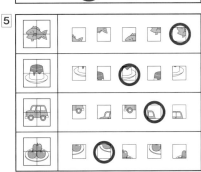

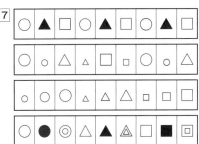

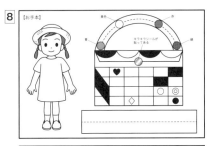

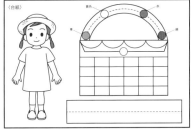

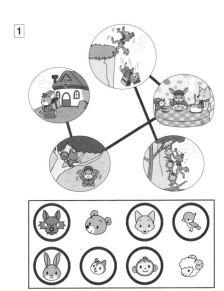

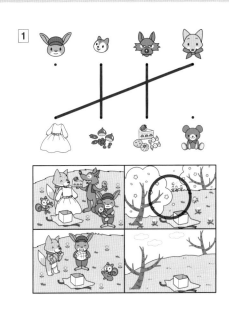

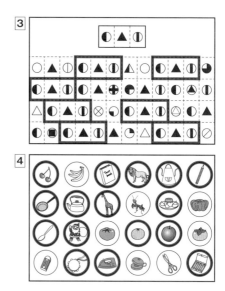

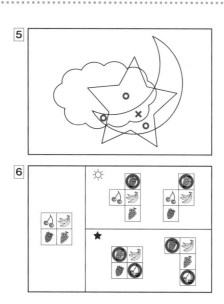

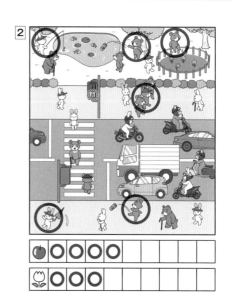

③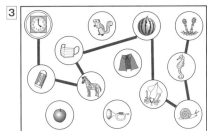

④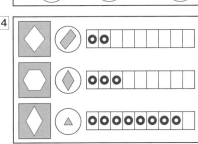

⑤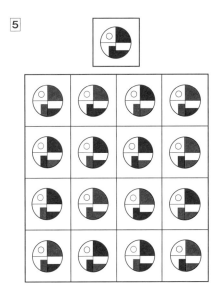

⑥

⑦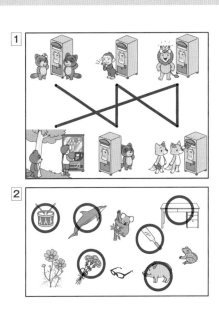

①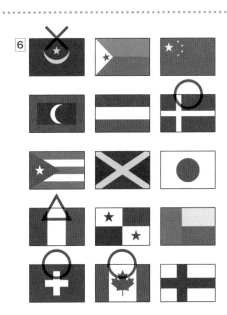

①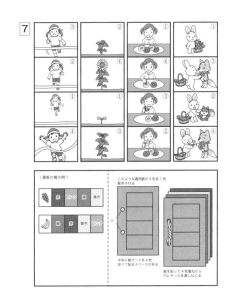

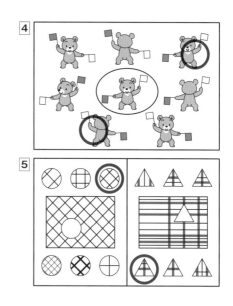

※ ③ の1問目は実際は緑

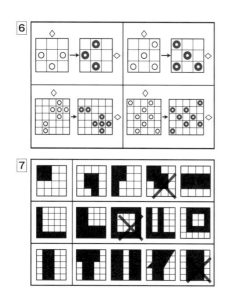

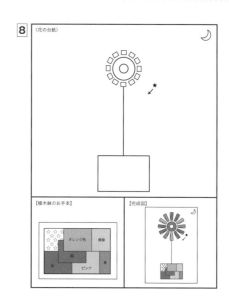

2017 解答例

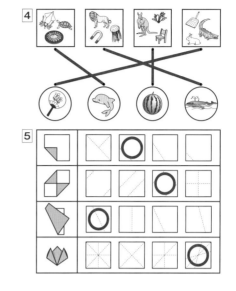

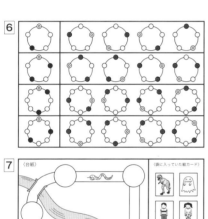

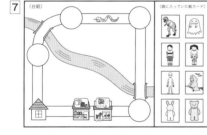

2016 解答例

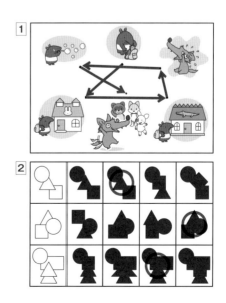

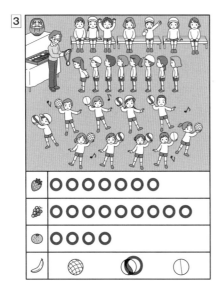

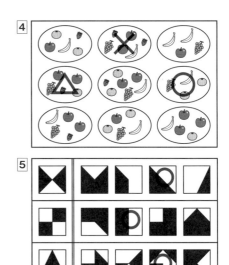

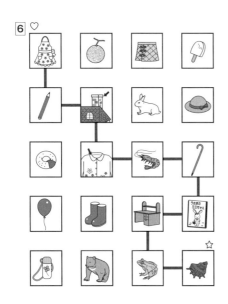

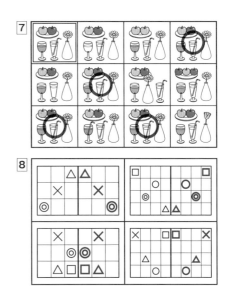

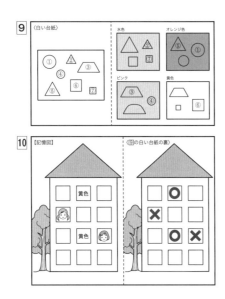

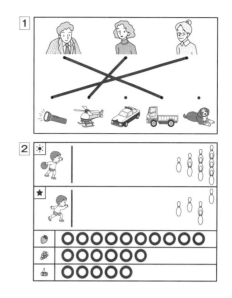

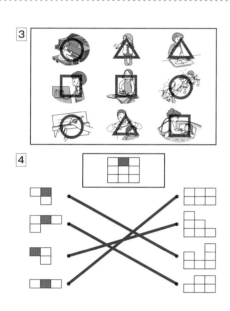

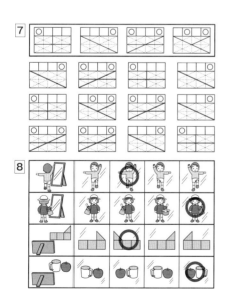

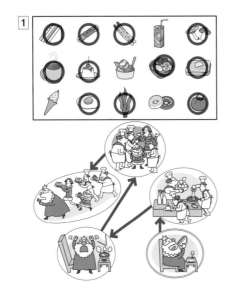

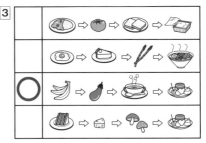

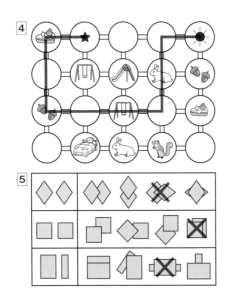

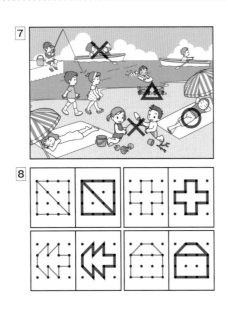

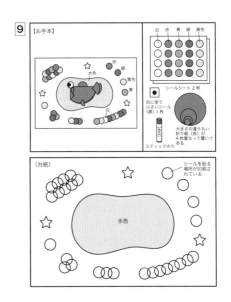

1

2
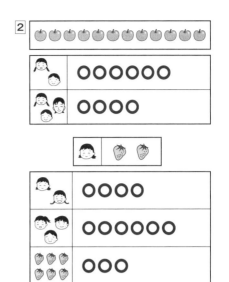

3
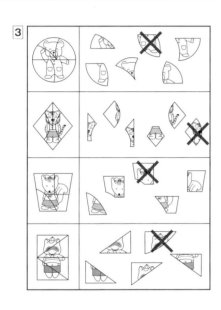

4
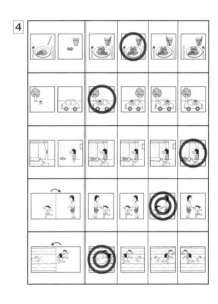

5

6
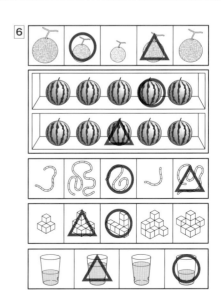

7

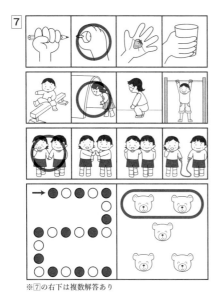

※7の右下は複数解答あり

8

9

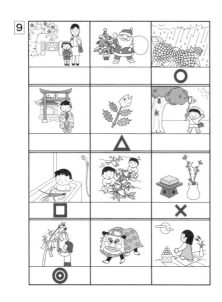

10

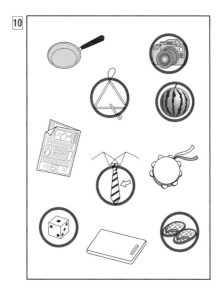

11

memo

Shinga-kai